阅读成就思想……

Read to Achieve

聪明者学习系列

高速阅读法

用学到的知识改变人生

[日]
上冈正明
著

刘菊玲 译
徐 敏 审译

死ぬほど読めて忘れない高速読書

中国人民大学出版社
· 北京 ·

图书在版编目（CIP）数据

高速阅读法 ：用学到的知识改变人生 /（日）上冈正明著 ；刘菊玲译．-- 北京 ：中国人民大学出版社，2025．7．-- ISBN 978-7-300-33830-9

Ⅰ．G792

中国国家版本馆 CIP 数据核字第 2025T0303T 号

高速阅读法：用学到的知识改变人生

[日] 上冈正明　著

刘菊玲　译

徐　敏　审译

GAOSU YUEDUFA : YONG XUEDAO DE ZHISHI GAIBIAN RENSHENG

出版发行	中国人民大学出版社		
社　　址	北京中关村大街 31 号	**邮政编码**	100080
电　　话	010-62511242（总编室）		010-62511770（质管部）
	010-82501766（邮购部）		010-62514148（门市部）
	010-62511173（发行公司）		010-62515275（盗版举报）
网　　址	http：//www.crup.com.cn		
经　　销	新华书店		
印　　刷	天津中印联印务有限公司		
开　　本	890 mm×1240 mm　1/32	**版　次**	2025 年 7 月第 1 版
印　　张	6.375　插页 1	**印　次**	2025 年 7 月第 2 次印刷
字　　数	85 000	**定　价**	59.90 元

引 言

高速阅读法是一种兼顾阅读速度与记忆深度的阅读方法

一个月只能读完一两书的人士，在相同的时间内，可轻松读完 12～15 本书，而且还能牢记不忘。

为什么高速阅读法能够让所读内容烙印于记忆之中呢？

因为，它是一种运用了“分散效应”“情节记忆”“输出”这三种心理现象的阅读方法。这三种现象在脑科学领域中被证明有加深记忆的显著效果。

有些一般的速读法，甚至鼓吹能让人在 3 分钟内读完一本书。

然而，科学已经证明，快速移动眼球或像浏览照片似的阅读文章并不可行。

高速阅读法，是一种在 30 分钟之内，把一本书读三遍的阅读方法。

它的速度虽远不及一般的速读法，但其记忆深度却深得多。

即使能以一般速读法的超快速度阅读，但过后却将内容忘得一干二净，那也毫无意义。

反之，如果我们用高速阅读法每月读完 15 本书，而且还能记住读过的内容，不是收获更大吗？

高速阅读法的五大优势

实现高速阅读

人们用一般速读法“3 分钟看完”一本书，其实只不过是“好像读过了”而已。高速阅读法的速度虽然不如一般速读法快，但却能将书中的内容牢牢输入进大脑中。

内容牢记不忘

我们借助高速阅读法，从书中获得的知识能够被长期记住，被牢牢刻在大脑中。

本阅读法经过了脑科学的实际验证，因此无论有无特殊能力、是否擅长阅读，任何人都能在读过之后牢记不忘。

能够将内容输出到实际工作生活中

高速阅读法的目标可不仅仅是“输入”。书上的内容还将被我们长久记忆，从而被广泛运用到日常的工作生活中。同时，我们处在需要获取大量信息的现代社会，坚持用高速阅读法阅读，就可在各类话题上跟上大家的节奏，以此扩大社交范围。

无须培训，可立即实践

高速阅读法不同于一般的速读法，你不需要接受任何培训或训练，从阅读本书的当天即可开始实践。

人生会因此越来越丰富多彩

有数据表明，阅读量与年收入是成正比的。当然，阅读不仅对个人的收入大有益处，也能让人生的其他方面变得丰富多彩。至于为什么阅读能对人生产生如此积极的影响，后面再给大家详细介绍。

高速阅读法的操作方法

充分利用脑科学的分散效应

与其花两小时慢慢细读，不如花 30 分钟读三遍，记忆效果更佳！

那么言归正传，下面我来为大家介绍一下高速阅读的具体方法。脑科学研究发现，与其把一本书慢慢细读一遍，不如分散时间把同一本书快速阅读多遍，这样更能在大脑中留下深刻的记忆。在此基础上，若每次都在不同的地方阅读，会有更好的记忆效果。脑科学研究还发现，一个人能保持注意力高度集中的极限为 15 分钟。

根据以上脑科学研究成果，高速阅读法的阅读模式为[①]：第一遍阅读15分钟，第二遍阅读10分钟，第三遍阅读5分钟（操作模式①）。不过，在实践操作模式①时，需要保持持续专注。因此，没有信心做到持续专注的人士，可以先试着实践操作模式②。在阅读教辅书、参考书等难度较大的书籍时，也推荐使用操作模式②。

操作模式①的具体步骤（适合擅长专注阅读的人士）

分三次，错开时间专注阅读同一本书。最好每次都在不同的地点阅读。

阅读时间共计30分钟。

① 本书所说的阅读时间，是指阅读面向大众的、二百页厚的书籍所需的时间。高速阅读法的目标速度为5秒钟阅读一页。因此，二百页厚的书籍，完全能在15分钟内读完。在阅读篇幅较长的书籍时，请尝试以每页5秒钟计算目标时间。例如，三百页的书籍，目标时间应为25分钟。

第一遍：15 分钟（阅读全文。在重要的页面上折角）

第二遍：10 分钟（阅读折角页面，用蓝色笔在重要的地方做笔记）

第三遍：5 分钟（只阅读有蓝色笔记的页面）

操作模式②的具体步骤（适合不擅长专注阅读的人士，或阅读难度较大的书籍时推荐使用这种方法）

每读完一章后，重新再阅读一遍，也就是每章阅读两遍。第三遍通读全书。

阅读时间共计 30 分钟。

例如，由 5 章构成的书籍：

第 1 章

第一遍阅读（3 分钟）→第二遍阅读（2 分钟）

⬇

第 2 章

第一遍阅读（3 分钟）→第二遍阅读（2 分钟）

…………

第 5 章

第一遍阅读（3 分钟）→第二遍阅读（2 分钟）

⬇

第三遍通读全书（5 分钟）

高速阅读的诀窍

第一遍阅读的诀窍

火箭起跑式阅读：设定好计时器后，一鼓作气开始阅读！

1. 方法

先准备好秒表（可用手机上的计时应用程序），再设定好时间（操作模式①：15 分钟；操作模式②：5 分钟），然后开始倒计时。与此同时，一鼓作气开始阅读。

你可以跳着读，但务必在限定时间内把书读完。同时，你要在自己认为重要的页面上折角。

2. 功效：限定时间，激活大脑

造成阅读速度慢的原因之一，是未能专注地阅读。已有研究表明，当一个人被强制赋予截止时间后，专注力便会得到提升。

第二遍阅读的诀窍

蓝色笔草书式阅读：在书籍上留下小情节，知识会更容易刻入大脑。

1. 方法

重点阅读折角页面，以及该页前后的页面。

用蓝色笔把阅读时的感受全部写到书上。越是你认为重要的部分，越要大大地、饱含感情地写下感受，字迹潦草也没关系。

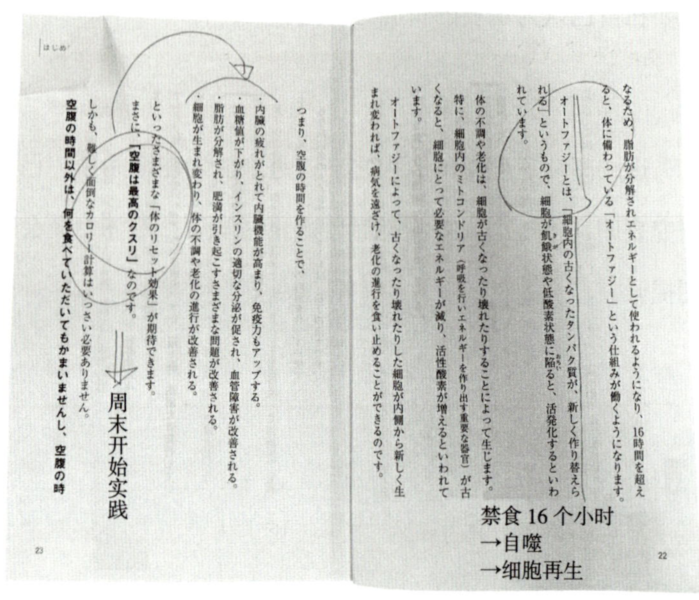
はじめに

なるため、脂肪が分解されエネルギーとして使われるようになり、16時間を超えると、体に備わっている「オートファジー」という仕組みが働くようになります。

オートファジーとは、「細胞内の古くなったタンパク質が、新しく作り替えられる」というもので、細胞が飢餓状態や低酸素状態に陥ると、活発化するといわれています。

体の不調や老化は、細胞が古くなったり壊れたりすることによって生じます。特に、細胞内のミトコンドリア（呼吸を行いエネルギーを作り出す重要な器官）が古くなると、細胞にとって必要なエネルギーが減り、活性酸素が増えるといわれています。

オートファジーによって、古くなったり壊れたりした細胞が内側から新しく生まれ変われば、病気を遠ざけ、老化の進行を食い止めることができるのです。

22

つまり、空腹の時間を作ることで、

・内臓の疲れがとれて内臓機能が高まり、免疫力もアップする。
・血糖値が下がり、インスリンの適切な分泌が促され、血管障害が改善される。
・脂肪が分解され、肥満が引き起こすさまざまな問題が改善される。
・細胞が生まれ変わり、体の不調や老化の進行が改善される。

といったさまざまな「体のリセット効果」が期待できます。

まさに、**「空腹は最高のクスリ」**なのです。

しかも、難しく面倒なカロリー計算はいっさい必要ありません。

空腹の時間以外は、何を食べていただいてもかまいませんし、空腹の時

23

2. 功效：充分利用脑科学的“情节记忆”

与平时相比，大脑在发生某种变化的时候，记忆力会更好（情节记忆）。在重要的地方用蓝色笔写下真实的感受，大脑便会把这部分作为特别情节记住。同时，蓝色也有提高思考能力的作用。

第三遍阅读的诀窍

输出式阅读：若对所读内容进行输出，它便会被纳入长期记忆中保存！

1. 方法

（1）根据蓝色笔记的内容，具体写出该如何应用到工作和生活中。

（2）时间充裕的人士，若在读完之后写输出笔记，效果会更佳（方法见 104 页）。

2. 功效：充分利用大脑的输出效应

用自己的语言输出所读内容（也就是在现实生活中使用），大脑便会把它看作重要信息，并将其纳入长期记忆中予以保存。这是脑科学中的一个基本法则。

让高速阅读法的效果实现最大化

输出笔记，将使你的人生变得丰富多彩

建议能够抽出时间的人士准备一个输出笔记本，以便能真正吸收通过高速阅读法获得的知识。如果能在输出笔记本中用自己的语言总结阅读成果，阅读到的知识会更容易进入长期记忆。此外，如果学到的知识不仅停留在知识层面，还能据此制订出行动计划并写下来，这将可以成为你未来的行动指南（详细使用方法见第 3 章）。

阅读中的输入与现实中的输出相结合，可使人切实地感受到工作上的收获和自身的成长，使人生就此形成一个良性循环。

本书还将介绍既能实现高速阅读又能将内容烙印于记忆中的其他阅读技巧。这些技巧都很简单易懂，均可从读完本书当天开始立即实践。

希望早些了解具体做法的读者，可以先行阅读第 2 章。

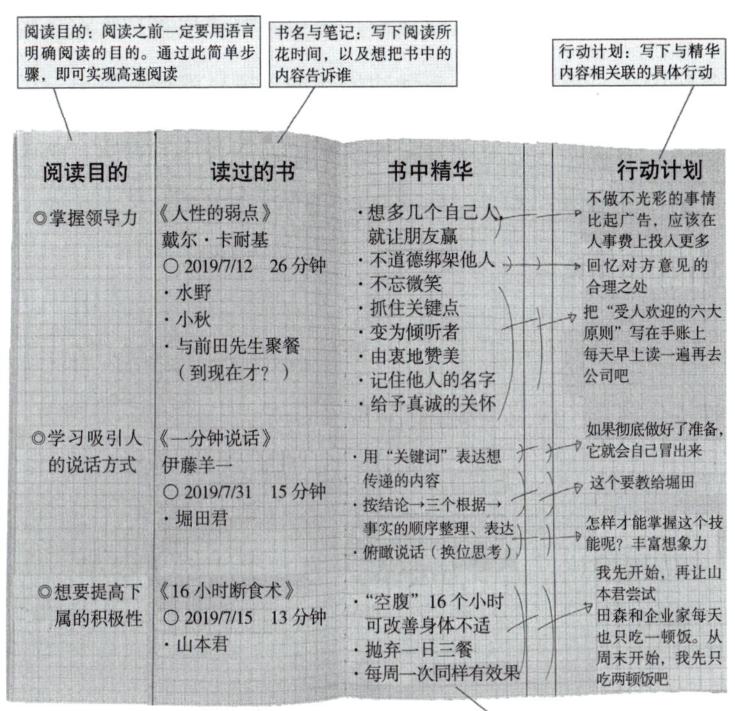

那么接下来，我将为大家介绍高速阅读法会给人生带来什么样的积极影响。一说到快速阅读，各位可能容易将其想象成干劲十足的商务人士为了尽可能多地输入信息而使用的阅读方法。

但我所创造的高速阅读法，完全不挑使用者。无论多大年纪的人，都可以在此阅读法的帮助下通过阅读丰富自己的人生。借助能够海量阅读且能牢牢记住的高速阅读法，就能以最快的速度、在最短的时间内，将阅读中获得的精华吸收为自己的东西。

关于借助高速阅读法可达到什么样的预期效果，下一页我将介绍几个典型案例供大家参考。

高速阅读法：能让所有人的人生变得丰富多彩的工具

商务人士、年长者、育儿妈妈等各类人群都适用本方法。

一位 35 岁的男性（公关公司员工）

“我想知道怎样才能与积极性不高的下属相处！我被提拔为一个新项目的负责人，却因不知道该如何与积极性不高的下属相处而烦恼。我希望能把团队凝聚起来，让项目取得成功。”

这时，这位男士若能借助高速阅读法广泛阅读有关领导力的书，那么不到一个星期，他就能懂得如何做才能打造自己团队的凝聚力，并落实到实际行动上。因为书籍是前人智慧的结晶。工作忙碌的商务人士确实难以抽出时间进行阅读，**但借助高速阅读法，即可有效利用碎片时间来提升自己的相关技能。**

一位 51 岁的女性（全职主妇）

“我很担心老无所依。我想了解最适合自己的攒钱方法！我们一家人仅靠丈夫每年的收入生活，我很担心以后会老无所依。我女儿考上了大学，交完学费后我们的存款只剩不到 100 万[①] 日元。我想知道怎么做才能成功攒下养老钱。”

在这种情况下，高速阅读法同样大有用处。我们在网络

① 日文原版书出版当时，100 万日元相当于 6.3 万人民币。——译者注

上搜索到的信息往往真伪难辨，让人无法安心。我们往往是仅仅阅读一两本偶然拿到手的书籍，又不知道书中的方法是否适合自己的家庭。**借助高速阅读法，即使在相同的时间内，也能读完近10倍的书籍，这样就能找到自己真正需要的信息。**之后再通过实际输出（比如开始信托投资等），就可以逐步克服金钱焦虑。

一位70岁的男性（靠退休金生活）

“电视已经看腻了，我想要开始尝试新的事物，精神抖擞地安度晚年。妻子抛下我先走了，我又没有什么特别的兴趣爱好，每天都是度日如年。我退休前是个工作狂，所以生活中也没什么朋友，每天都是形单影只的。出于爱好，我时不时会读点历史小说，现在想着要不要读些以前从未涉足过的图书类型。”

对于这样的长者，我也很推荐高速阅读法。随着年龄的增长，人们越来越倾向于对新事物敬而远之。因为那既费时又费力。但借助高速阅读法，我们完全可以接连读完一本本新领域的书籍。人生已进入百年时代，若借助高速阅读法，哪怕一年的阅读量原本只有 10 本左右的人，都能读完 100 本。假如你能够活到 100 岁，那就能轻松读完 3000 本。面对能让你的晚年变得丰富多彩的高速阅读法，你还在犹豫什么呢？

一位 17 岁的女性（高中生）

“我极不擅长需要背诵的科目。学习时间远远不够！我想要提高记忆力！距离大学入学考试仅剩半年，日本史的分数却总也不见提高。我明明那么努力地学习，但转眼就忘得一干二净。有什么方法能让人牢牢记住参考书中的内容吗？”

这可能是大部分考生普遍的烦恼。对于这类人士，我建议在阅读参考书的时候，认真实践高速阅读法的操作模式②。与其花上几个小时慢慢细读参考书，不如分几个时间段反复学习，这样更能把知识牢牢记住。同时，若能掌握高速阅读法，不仅有望提高现代日语的得分，还能提高其他各科考试题目的阅读速度。而且，你习惯了在规定时间内阅读完毕这种方式后，还可以减少在考试中出现超时的情况。

一位 41 岁的女性（兼职人员）

“孩子正处于叛逆期。我很担心儿子会步入歧途。明年就要参加中考了，处于叛逆期的儿子却整天只知道玩游戏，我很担心他的前途。不知道是该对他严厉些，还是暂且放任不管他，我为不知该如何与青春期的儿子相处而烦恼不已。”

育儿的烦恼和高速阅读法乍一看似乎毫无关联。但据说人们之所以会感到不安和担心，大多是因为缺乏相关信息。比方说，借助高速阅读法大量阅读有关育儿的书籍，你就会发现这样的烦恼并非自己才有。**除了育儿的烦恼、人际关系上的烦恼等，我们也可以通过书籍作者们的金玉良言得到治愈或找到解决问题的方法，这类例子不胜枚举。**建议忙于育儿的妈妈们，要利用碎片时间多多实践。

前　言

读到这里，对高速阅读法完全不同于一般的速读法这件事，各位是否已有所理解呢?

抱歉，自我介绍迟了些，很高兴认识大家，我是创造出高速阅读法的上冈正明。

本人现在经营着包括咨询公司在内的三家集团公司，同时还作为顾问为大型上市公司提供服务。本人获得 MBA 学位后，一边从事脑科学领域相关研究工作，一边作为兼职讲师进行教学工作，每天的生活都十分忙碌。不仅如此，本人还是一个成功的股票及房地产投资者，有着用 200 万日元的本钱创造出 3 亿日元资产的另类经历。

在此我并非想向大家炫耀，而是想告诉大家上述收获皆得益于高速阅读法的加持。

其实，我以前是个落后分子，既没有考上第一志愿的大学，也没有正式的工作，甚至有一段时间只能依靠当见习节目策划人糊口。虽然我一度奋发图强尝试创业，但既缺乏足够的知识，又没有相应的经验，唯有一颗希望通过大量阅读使自己成长起来的坚韧不拔的心。

然而，当面对书桌上堆积如山的书时，我一时不知所措。

书是买了，可我工作太忙根本无暇看书！我当时想，如果能学会速读法该多好，可我根本没钱去学校或培训机构学习。

于是，我只好阅读了一些关于速读法的书籍，并尝试进行眼球训练、右脑阅读等自己也似懂非懂的方法。结果是：

我感觉自己读过了，但却一点儿也没记住！

当然，肯定有人能通过速读法记住所读内容，但对我而言却完全行不通。

无奈之下，我只好一边研究脑科学，一边开始摸索如何凭借自身的力量实现高速阅读。我时刻思索着如何做才能够做到“高速阅读”“且牢记于心”“并能用于输出”。于是我把阅读和每天的工作相结合，在不断地尝试与失败的反复磨砺中刻苦钻研。

就这样，诞生了本书介绍的高速阅读法。

我从开始实践本阅读法到今天，已经过去了整整 15 个年头。在此期间，我轻松地保持着每天读完一本书的节奏，阅读如同一日三餐已经成为我生活的一部分。

我把通过高速阅读法获得的知识，转化为具体的行动进行实际输出，从而提升了自己的商务技能。即使在本人认知为零的投资领域中，我也通过灵活运用从书中获得的知识取得了巨大的成功。这一切只不过是因为我将通过高速阅读法获得的知识运用在了实际生活中而已。

现在，本人公司的员工都在使用高速阅读法阅读，并在各自的工作中取得了丰硕的成果。我还把本阅读法推荐给了认识的人，几乎人人都异口同声地表示："这个方法好用！"其中很多人把高速阅读法作为了自己的阅读方法。如今，本阅读法已在口口相传中得到了广泛的传播，于是便有了本书出版的机会。

在此请允许我再强调一次，**高速阅读法是一种可实现高速阅读、牢记不忘且能用于输出的阅读方法；是一种能够让人生变得丰富多彩的阅读方法。**

你可能会想："仅靠阅读就想改变人生，哪有这样的好事！"如果你这样想你其实就小瞧了阅读的力量。殊不知改变人生最好的方法就是阅读。

因为，你遇到的烦恼或急需解决的问题，前人早已经历过。相应的解决方法必定被记录在某些书中。

因此，只要大量阅读，一切问题都能迎刃而解。无奈的是，作为现代人的我们实在太忙了，如果要花费一周才能读完一本书，那么我们的人生在尚未找出最佳解决方案之前早已一塌糊涂。

正因如此，我们才迫切需要高速阅读法。

关于这个方法的详细内容，我将在正文中细说，总之只需阅读同一领域的七本书，就能在这个领域成为有识之士。即使目前的相关知识储备为零，只需读完七本书，你便能对该领域的整体有所了解，最终找到最适合你的解决方案。

也就是说，借助高速阅读法，一到两周后，你就能找到解决自身烦恼或问题的方案，进而采取具体行动改变现实。

例如，假设你想变得更健康。那么你只需进入书店，就能发现触目所及之处尽是饮食、运动、助眠等各式各样与健康相关的书籍。然而，如果仅仅阅读其中的某一本，你无从得知书中介绍的方法是否真的能让你变得健康，因为你缺少判断的依据。但如果你读完了其中的七本书，那么你就能掌握能让人变健康的共同观点以及重要原则，就能知道哪种方法可能对自己有效。**因此，高速阅读法还是一种可以引导你做出正确判断的技能。**

同样，无论是商务技能、养老资金、资格考试，还是人际交往，高速阅读法在任何领域都能大展身手。

此阅读法唯一不适用的是阅读小说等以品味阅读本身为目的的情况。这也不足为奇，我在阅读精彩绝伦的小说时，同样会不计时间，流连忘返。只是因为过于习惯高速阅读，我连小说也读得特别快。这或许也是让人生变得丰富多彩后的意外惊喜。

一个落后分子，经过反复地尝试与失败后创造出的方法，能以书籍的形式对大家有所帮助，实属喜出望外。

在人生有限的时光中，与书籍的相遇如同与人的相遇一样弥足珍贵。由衷地希望你能借助高速阅读法，遇见更多的优质书籍，享受更多的好书，拥有更加充实的人生。

人生是否能过得丰富多彩，完全取决于阅读量。

实现它的最强武器，无疑就是高速阅读法。

从今天开始，请你务必也要试一试！

目　录

第1章

高速读，记得牢！
脑科学认证的最强阅读法——高速阅读法

第4章 通过高速阅读法提升脑力，人生也会变得丰富多彩

第1章

高速读，记得牢！

脑科学认证的最强阅读法
——高速阅读法

借助高速阅读法，实现海量阅读，还能牢记不忘

从商务人士到年长者皆可掌握的高速阅读法

高速阅读法是一种人人皆可掌握的阅读方法。

想读书却难以抽出时间？被事务缠身，一个月只能读完一两本书的人士，借助高速阅读法，便可在相同的时间内轻松读完 12 ~ 15 本书。

不仅如此，高速阅读法还无须任何麻烦的训练，谁都可以马上掌握：

- 因与下属沟通不畅而陷入烦恼的职场人士；
- 想激发员工的干劲，进一步提升销售额的企业家；

- 希望孩子的学习能力有所提高的妈妈；
- 渴望进入门槛高且受到追捧的科创公司的学生；
- 想利用闲暇时间兼职创收的全职太太；
- 想知道该如何有效利用养老金的年长者；
- 又或者想趁着退休重新学习世界史的人士……

上述人士均可借助高速阅读法获得自己想要的信息、知识、技能等，而且能在短时间内快速将其消化掌握。同时，**这些输入到大脑中的内容，会进入长期记忆并烙印于脑海之中。**

事实上，我经常从跟我学过高速阅读法的学员那里，听到下面的反馈：

- “我能一天读完一本书了。”
- “没想到真的能对书中的内容过目不忘。”
- “我总是忙得不可开交，没什么时间看书，但居然养成了读书的习惯。”
- “我能学以致用了。”

- “我的沟通能力提高了。”
- “我的专注力提高了。”
- “孩子在学校的成绩提高了。”
- “我的工资涨了，年收入增加了。”
- “我只不过利用碎片时间看了些参考书，就通过了超难考的资格考试。”
- “我的头脑比以前灵活多了。”
- “我自然而然地学会了假说思考和逻辑思维。”
- “尽管我都年过六旬了，但我的理解能力却越来越好了。”

那么，到底是什么让这一切成为可能的呢？

基于脑科学的阅读方法，读过便可牢记不忘

借助高速阅读法，从书籍中获得的知识会进入长期记忆并烙印于脑海之中，因此能够被牢牢记住，而且知识和技能一旦掌握了，便不会再忘记。

若问这美梦般的好事为何能得以实现，答案便是：高速

阅读法是经过最新脑科学验证过的阅读方法。

对于具体的操作方法，让我们留待第 2 章再细说。在此，我先向大家简单介绍一下高速阅读法的操作模式。如此一来，相信各位必定会明白：高速阅读法是一种真正基于脑科学的阅读方法。

高速阅读法就是在 30 分钟之内把一本书读三遍的阅读方法。

不过，这并不是说不间断地读三遍，而是指间隔一段时间或换个地点分开阅读三遍。

这样便能产生脑科学所说的**“分散效应”**。

在学习的时候，相比长时间持续学习，采用学习与休息交替进行的方式，记忆效果反而会更佳，这一点在脑科学领域已经得到证实，并被称为“分散效应”。高速阅读法充分利用了大脑的这一习性，它并不要求 30 分钟之内一口气把一本书连读三遍，而是要求间隔一段时间或换个地点分开阅读三遍。

同时，高速阅读法也并非只是阅读，还要求将阅读时的感想写在书上，或者把自己认为重要的部分划出来。这是对脑科学中**“情节记忆”**的应用。

情节记忆是大脑的另一个习性，即大脑更容易记住发生了变化的事物。高速阅读法，正是以边阅读边写感想的方式创造出一种不同的情景，从而使书籍内容被牢牢刻在大脑中。

在高速阅读法中，还有对**“输出”**的应用。

高速阅读法中所说的输出，指的是个体把在阅读中获得的知识、技能等，真正地运用到现实生活中，而并非只是存储于大脑之中。

通过输出内容，可促使大脑将该内容视为重要信息，并将其纳入长期记忆中进行保存。

各位，怎么样？

我相信大家都应该已经明白，高速阅读法的确是一种基于脑科学的阅读方法。

正因如此，借助高速阅读法，不仅能够在短时间内进行大量的阅读，还能把读过的内容烙印于记忆之中。

除此之外，高速阅读法还运用了其他已被脑科学证实的各种理论。接下来我也会为大家介绍。

高速阅读法与一般速读法，看似一样实则不同

高速阅读法的主要模式

正如本书引言部分所述，高速阅读法是一种“在 30 分钟之内把一本书读三遍”的阅读方法。

乍一听，各位可能会充满疑惑：“那什么时候阅读好呢？”“在哪里阅读好呢？”“是不同的书籍读三遍吗？”

在此，我先简单介绍一下高速阅读法的主要模式。

高速阅读法，是指在 30 分钟之内把一本书（即同一本

书）读三遍的方法。

第一遍 15 分钟，第二遍 10 分钟，第三遍 5 分钟。

阅读的场所不限，可以是坐在自家的书桌旁、坐地铁时、躺在床上时，只要错开时间，分三次专注阅读即可。

高速阅读法的这种模式得到了脑科学的证实，具有充分的科学依据。

错开时间，分三次专注阅读同一本书，是对上述分散效应的应用。之所以一次最长阅读 15 分钟，是因为科学证明人类保持高度专注的极限就是 15 分钟。

再重复一次，高速阅读法的模式是：

第一遍：15 分钟→第二遍：10 分钟→第三遍：5 分钟

错开时间，更换地点。

以上这种阅读方法叫作操作模式①，是高速阅读法的基本模式（另有操作模式②）。具体操作方法留待第 2 章再详细介绍。

高速阅读法与一般速读法的目标完全不同

刚开始读本书的人可能会心生疑惑："那话又说回来，这和一般速读法有什么区别呢？"

对此我可以明确回答：**"高速阅读法与一般速读法完全不同。"两者的目标不同，操作模式也完全不同。**

倘若你此时正计划前往速读学校，或打算参加速读研讨会购买他们推荐的高价教材，那我要大声建议你："稍等一下！"坦白地讲，你最好重新考虑考虑。

高速阅读法与一般速读法的目标完全不同！

● **一般速读法的目标：**

一味追求快速、大量地阅读。如果不能记住，那便毫无意义。

● **高速阅读法的目标：**

追求海量阅读，且牢记不忘。获得的知识可运用到实际的工作生活中。

实际上，我们无须前往这类学校或花费大价钱，也是可以掌握速读技能的。

本书正是专为这类人士所写。

除了少数志在成为速读狂热者的人士外，普通人即使前往速读学校，恐怕也难以有什么惊人的效果。

这是因为一般速读法的阅读目标与你的目标其实完全不同。

一般速读法的目标是一味追求快速、大量的阅读。

不过，即便能够做到快速阅读，倘若无法记住那岂不是也毫无意义吗？

本书介绍的高速阅读法则与此不同。

高速阅读法的目标是：海量阅读，且牢记不忘。而且，获得的知识可运用到实际的工作生活中。

也就是说，通过高速阅读法，我们不仅能得到高品质的海量信息，同时还能收获时间收益和成果。

不仅如此，高速阅读法的操作方法还非常简单，无须任何训练即可上手。只要阅读本书，任何人都可以从今天开始立即实践。

最新研究表明：一般速读法是没有任何科学依据的

最近，大学的研究证明，过去被认为颇有成效的一般速读法，被脑科学证明实际上难以实现。

这表明一般速读法无法在科学上得到证实。

一般速读法确实极具冲击力，或许只是观看它的广告，你就会不由自主地产生浓厚的兴趣。我本人在每次看到这类研讨会的宣传时，有好几次都差点就参加了。

然而，尽管从方法论上看一般速读法充满魅力，但其是否行之有效却是另一回事。事实上，这是一种对使用者极为挑剔的阅读方法，只有极少数人才能做到。

如果只是想更快速地了解书籍中的内容，那么通过收听有声读物或者订阅对书籍内容进行高度概括的网络书籍摘要服务便足够了。

不过，由此获得的知识你并不能牢牢记住，也无助于实现你的目标或愿望。

倘若不怕遭到误解，我会直接说：使用一般速读法阅读几乎没有任何意义。

那就好比在高铁上观赏风景。假如从快速行驶的高铁上向外眺望，你能对外面一闪而过的景物过目不忘吗？

如果是田园风光，或许你尚能辨认出其是绿色的。但你能看清楚有多少栋大楼、广告牌是什么设计吗？恐怕你的眼睛最多只能勉强追上这些景物吧。

更何况一般速读法是一种在 3 分钟之内读完一本书的阅读方法，那简直堪比在音速飞行的喷气式飞机上观看风景了。这样只会给你的大脑造成巨大的负担。此时哪里还能要求大脑记住看到的景物，即便是专业飞行员中的翘楚恐怕也只能望景兴叹。这不难理解吧。事实上，美国研究界的观点是：速读不可能实现。

2016 年，美国加州大学发表了一篇关于速读法的论文。这篇论文包含了多达两百项速读研究和实验数据，作者断言如同摄影一样读取、快速移动眼球的技巧没有任何科学依据。在阅读的过程中，眼球和眼肌运动发挥的作用不到 10%。也就是说，无论怎么训练眼球都是没有意义的。

他们还邀请了一位于 2008 年摘得速读大会桂冠的人，请对方读了最新出版的《哈利・波特》。

此人是速读协会认定的冠军，仅用 47 分钟就读完了最新出版的《哈利・波特》。真是神速！那本书可是有字典那么厚。

可是，当该冠军被问到有何感想时，据说他的回答大致是：“这是小说中的杰作。我知道它很受孩子们的欢迎。它激发了孩子们的创造力，同时有的场景也让孩子们感到悲伤。无论如何，这部作品都是最优秀的。”

怎么样？如果阅读完只能说出这样浅薄的感想，那通过阅读记住的内容又有什么意义？

即使锻炼眼肌也无助于在事业上取得成功

读到这里想必大家都已明白，高速阅读法中是断然不会出现任何类似用右脑摄影阅读，或快速移动眼球等带有神秘色彩的内容。

从某种意义上来说，快速移动眼球等不过是些微不足道的技巧，并非快速阅读的本质。

无论眼球的移动技巧比别人高明多少，它既无助于你在事业上取得真正意义上的成功，又无助于你成为知识渊博的人。

只不过能让人觉得你“是个眼肌强大的人”“是个眼球狂热者”而已。

坦白说，训练眼肌大量阅读或者用眼睛做类似摄影的行为，只会过度使用眼球和大脑，我一点也不推荐。

打个比方，如果有人让你每天为了提高头球技术锻炼额头上的肌肉，你不觉得那样会让你折寿吗？使用未经科学证明的方法，如此过度使用身体不太好吧。

眼球肯定是不想遭受这样的魔鬼训练的，它可是我们身体中特别脆弱的器官。

偶然的一次眼科检查，我发现我的眼底原本就不太好，视网膜脱落的风险高于常人。当我知道这种情况后，就更觉得这样的魔鬼训练我做不来。

因此，我认为最好还是不要让自己的身体负担过重，以免精神越绷越紧。

哪怕读得再多，对人生无益便毫无意义

关于高速阅读法与一般速读法的区别，我们不妨再深入探讨一下。

能够做到快速阅读确实很有价值且很了不起，但即使阅读速度比别人高出 10 倍，那多出来的时间要怎么用呢？

一般速读法对此并未给出明确的答案，然而这才是快速阅读的本质所在。遗憾的是关注到这点的人少之又少。

人生最重要的就是时间，时间就是生命。

一般速读法要求人们快速地读完一本又一本书，以便能读完大量的书籍。

我有一个疑问：要读到什么时候才能结束呢？要无止境地读吗？要这么一直读下去吗？

请问比别人多读一百倍的书，给你带来了什么样的变化呢？你的人生因此变得更快乐了吗？你的时间是有限的，在阅读上面花费这么多时间值得吗？

我有一位朋友上过速读学校，现在已获得自己开办速读培训班的资格，周末授课成了他的一个小副业。

不过，他至今仍感叹自己的主业收入太低，而且总公司与海外企业合并，不久后就要开始裁员。

他说过要创业，但现在仍然是打工人。他不仅没办法靠讲师的副业养家糊口，甚至连与家人共度的时间都变少了。他感叹道，今后连阅读最喜欢的书籍的时间都无法挤出来了。

这是一个学习一般速读法的真实案例。我想说的并不是这个朋友是不幸的。

因为我认为他教授速读法带来的充实感是金钱无法替代的。只不过我希望各位能明白，如果学习速读法无助于实现你的目标或愿望，你以后可能会后悔莫及。

遗憾的是，无论你的年龄多大、从事何种职业，你的职业生涯都是有保质期的。而且，失去的时间是再也无法挽回的。

无视高速阅读法和一般速读法区别的人，请务必斟酌一下。

高速阅读法无须培训，可立即实践

与在书店站立阅读的体验相似

我想要试试高速阅读法，但我以前读完一本书要花好几天时间，这样的我可能做得到吗？

有的人或许有上述的担忧，不过完全不用担心。

其实许多人在不知不觉中，就曾有过高速阅读的体验。

我本人在创造出高速阅读法之前，就曾以惊人的速度读完过一些书籍。

请你猜猜那是在什么样的情况下完成的。

你肯定猜不到，那就是在书店站着看书的时候。

有的人可能会十分惊讶："什么？原来是站着读！"从脑科学的角度来看，这样做是非常有效的。当然，这背后有着完善的理论支撑。

很多人都曾有过这样的经历：偶然在书店内看到一本书，接着一口气就读完了。

书籍的类型并不重要，我可能会看商务、旅游指南方面的书籍，又或是关于养老资金的书籍。

这时候，任何人都能以自己最快的速度阅读一本书。主要因为这并非自己购买的书籍，所以心理负担大大减少了。在有限的时间内，即使只是“挑着读”与自己的目标相符的内容，也毫无心理负担。

倘若是自己出钱购买的书，那阅读门槛就大大提高了。因为你会考虑投资成本。因此，站着阅读时因为毫无压力，阅读速度就会变得非常之快。

即使从未学过高速阅读法的人，在站着阅读时也能仅用午休时的 10 分钟便基本了解一本书的内容。

其实，这只不过是连你自己都未曾意识到的，大脑在完全放松的状态下，进行了最理想的高速阅读而已。

加之这是有目的的认真阅读，你才能过目不忘。

不仅如此，你从书中读到的内容，还能立即应用到工作或生活中。例如，你从书店返回办公室后，立即尝试使用从书中读到的 Word 的使用方法；或者返回家中后立即预订旅游指南上介绍的酒店；等等。

这就是 15 分种内读完一本书，并运用到实际生活中的状态。

切勿忘记这种状态。

无须任何知识、技能，今天开始即可做到

倘若你能想象在书店中站立阅读的场景，就能明白高速阅读法无须任何背景知识与技能。

在此，高速阅读法不需要做的事情，我再进一步明确一下。

希望各位明白，实践高速阅读法之前，你无须参加任何特殊的课程或接受任何特殊的训练。

你无须挑战人类的极限，接受近似培养运动员那样的眼肌训练；也无须掌握 2 ~ 3 分钟内读完一本书等类似超人才有的能力。

接受这样的训练或掌握这样的能力，对年长者而言尤为

不可能。若真那么做了，不仅对大脑有害，甚至连眼睛也会因此受损。

总而言之，实践高速阅读法既不需要特殊的知识，也不需要特殊的技能。不仅商务人士和学生，甚至连家庭主妇、年长者也能从今天开始就能做到。

使用本书中介绍的阅读方法，任何人都能学会高速阅读，且无须过度使用自身的器官。

希望各位读者都能在改变自己人生的同时，优先考虑如何才能更悠然自得、更大程度地享受书籍带来的乐趣。

放松实践，记得更牢

高速阅读法是“30 分钟之内把一本书读三遍”的阅读方法，除了刚才向大家介绍的分散效应，此处的“三遍”也有扎实的理论支撑。

人类只要有心理负担，大脑便无法正常运转。

美国弗吉尼亚大学的丹尼斯·普罗菲特（Dennis Proffitt）教授[①]在实验中也证实了这一现象。

他在实验中向被试施加了一种压力——背负重物，然后让他们推测自己面前的斜坡的坡度。

结果，与负重少、身体处于轻松状态相比，背负重物时被试推测出的坡度会更高，即认为斜坡更陡。

还有一组对比实验更有意思，研究人员让被试分别听令人沮丧的伤感音乐和令人心情愉快的欢快音乐。同一个被试，在听前一种音乐时推测出的坡度，竟然比听后一种音乐时高出近两倍。

如上所述，**一个人如果有心理负担，大脑的运作便会变得迟钝。**

假如高速阅读法的要求是“30 分钟之内读一遍并记住”，那会怎么样呢？

---

① 丹尼斯·普罗菲特教授，具身认知学领军人物，著有《感知力》（*Perception*）等书籍。——译者注

那你的内心可能会忐忑不安，会想“这是最后的机会”“如果失败了该怎么办呀”“必须一鼓作气读完才行”。

这样想自然只会徒增人的心理负担。

如此一来，你的大脑的运作就会变得迟钝，难以形成牢固的记忆。

如果你希望仅读一遍就倒背如流，或者逼迫自己把全部内容理解透彻，必定会提高阅读的心理门槛。甚至会有人因此心急如焚，以至于无法专注阅读。

又或者使大脑处于焦虑状态，不受控制地反复阅读同一个地方，导致浪费了大量的时间。

若以这样的心态进行阅读，坦率地讲，就跟高速阅读的目的背道而驰了。

反过来，**如果觉得“只要读三遍能理解就行”，又会怎么样呢？毋庸置疑，这肯定会大大减轻你阅读时的心理负担。**

一个人会因为觉得“还有机会”“还有明天”而重获生机。

边享受边实践，让海马体兴奋起来

大脑本就是一个非常活跃的器官。据说，它的重量虽然仅占体重的 2% 左右，但却消耗着人体 25% 的能量。

在大脑中，有一个叫海马体的部位。海马体掌控着记忆大门的钥匙，它决定记住的东西，会长时间保存在大脑之中。此外，在海马体的旁边还有一个负责处理情绪的部位，叫小脑扁桃体。

东京大学医学部的研究表明，小脑扁桃体在兴奋的时候，能够激活海马体并提高其记忆能力。

这项研究结果告诉了我们什么呢？

那就是在学习的过程中，无论是多么卓越的书籍或教材，都要先享受其中才有意义。

任何新的方法，皆是在进展不顺、遭遇失败时，通过积极思索原因并从失败中吸取教训时产生的。我们常说“失败是成功之母”，时常积极地改善自己同样非常重要。

在实践高速阅读法时，同样也无须催促自己“要快点读才行”，而要以享受全身心投入阅读的乐趣为前提，这才是最重要的。

实践高速阅读法，让人生丰富多彩起来

充分利用高速阅读法，开启全新的世界

若充分利用高速阅读法，能够开启一个什么样的世界呢？毫不夸张地讲，那将是一个与以往截然不同的全新世界。例如，利用日常生活中的碎片时间，如工作的间隙、洽谈前的放松时间、在咖啡店里等待朋友的时间等，借助高速阅读法也是可以读完一本书的。

即便是在碎片时间中阅读，读过的内容依然能够牢记不

忘。如此一来，知识便会接连不断地涌入你的大脑，长久地存储于你的记忆之中。打个比方，如果你在洽谈前刚好读完了一本书，那么你便可以立即把书中的精华分享给你的客户。

如果你是一个领导，可以当场教给自己的某位下属。

我本人在经营公司的同时，还通过股票投资积累了超过 3 亿日元的资产。

当然，我不可能有什么特殊的投资才能。最初我甚至连如何去证券公司开户都一无所知。

我之所以能在这样的情况下取得成功，完全归功于我在繁重的经营事务间隙，充分利用一切碎片时间，孜孜不倦地阅读了大量股票投资方面的书籍。

得益于我在 30 分钟之内就能把一本书读三遍，买回家的股票书籍没多久就被我消化完了。不仅如此，书中的内容还被牢牢地刻进我的大脑中。

最终，仅仅依靠通过高速阅读法获得的知识，我便在三十来岁的时候积累了上亿日元的资产。而且，这些知识全部是利用碎片时间进行阅读获得的。

由此可见，**在 30 分钟之内把一本书读三遍，有可能会令你的人生发生翻天覆地的变化。**

速度 × 知识 × 行动，即可转化为成果

正如我反复说明的那样，高速阅读法是一种在 30 分钟之内把一本书读三遍的阅读方法。

这样的阅读方式，从脑科学的角度来看，读过的内容更容易牢记不忘。

尤其是使用我接下来要介绍的方法来阅读，更能实现高速阅读且牢记不忘。这个方法就是：把你的目标或愿望与阅读相联系，将书籍内容烙印于自己的情节记忆中。

想必大家早已明白，本高速阅读法与以往仅追求速度的阅读方法截然不同，是一种高速阅读且牢记不忘，同时能将

书籍的内容运用到工作上，转化为成果的阅读方法。

若以高速阅读法为武器，便能通过速度 × 知识 × 行动的模式，实现飞跃性成长！

如图 1-1 所示，若能做到这一点，你的工作和个人生活都将变得顺遂无比。

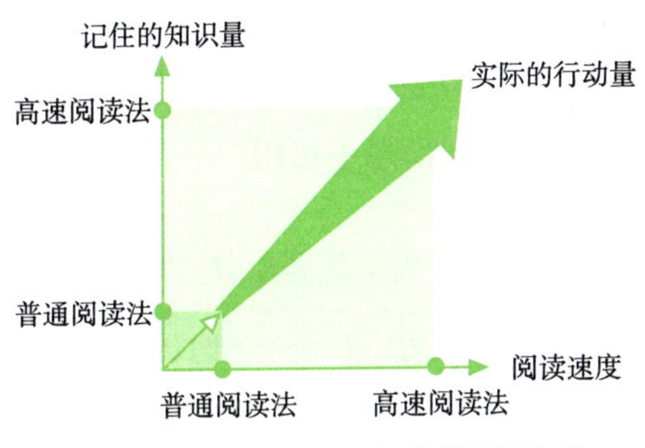

图 1-1　速度 × 知识 × 行动 模型示意图

不仅社会人士能够得此益处，我后续将提及的学生、年长者也会受益匪浅。

脑科学研究已经表明，通过把阅读转化为成果，自我肯定感便会得到提高。而自我评价的提高会让一个人更加自信。

坚持阅读不仅有助于将阅读到的内容转化为成果，还有助于形成自己的价值观，进而收获周围人的正面反馈。

如果能够一直以这样的目光看待自己，那你必定会觉得未来的每一天都比现在更加光明。你的性格也将越来越开朗，越来越积极。

为什么网络上的信息不可用

看到这个标题，有人可能会反驳："但是在网上收集信息，所需的时间不是更短吗？当今的时代，书籍才是无用之物呢！"

当然，利用网络搜索信息也是有很多好处的。我这么说并非想要否定网络强大的搜索能力。

只需上网搜索，你想知道的任何信息都一览无余。如此方便的工具，若禁止人们使用那就未免太过残忍了。

只不过网络信息也有缺点。

首先，它们很难被牢牢记住。而且，还有缺乏完整性等缺点。

为什么网络上的信息很快就会被人忘记呢？那是因为网络上的信息往往只是流于表面，很多内容并非创作者带着某种强烈的使命感创作出来的。

当然，并非所有的网络创作都是如此。

然而，网络信息未必都背负着向读者传递价值的崇高使命，也未必寄托着想要让读者成长的美好愿望。

这是因为它们的创作目的不同于纸质书籍。网络信息试图吸引的并非读者而是搜索引擎谷歌。

总的来说，创作者们优先考虑的并非内容本身，而是如何快速高效地编辑出信息，然后在网络上获得谷歌的青睐，以使自己创作的内容在搜索引擎上排名靠前。

在此过程中，创作者考虑的不是读者，而是谷歌。

不仅如此，网络信息中，也有太多极不确定的内容。

你之所以未曾意识到这一点，是因为可供比较的正确信息少之又少。

像我这样读过大量书籍的人，再去浏览网络上的信息，就发现到处充斥着信息错误和表达错误。

更离谱的是，有些绝对不能去掉的部分，也被颇为刻意地省略了。从搜索引擎优化这一角度考虑，这或许也是无可奈何的事情。

由于网络信息面向的是搜索引擎，所以难免会出现许多类似的标题和文章。

另一方面，网络信息也有其可圈可点之处。

我们之所以觉得从网上搜索信息十分便利，最主要的原因就是只要你想了解便能立即获得大量相关知识。

如今，人们只需要输入稍微有些关联的词语，就能找到任何你想要的信息。

如果有明确的目的，想要立刻获取所需信息，那网络信息的确非常适合。

除此之外，相对书籍而言，网络信息还具有针对读者的营销策略及分类。网络上重新编辑的内容读起来确实让人十分舒适，我们可以唰唰地往下读。

不过，读过的内容就未必能被牢牢记住了。

因为在此过程中，完全缺少了依靠自身的力量寻找答案的努力。

此外，它也不适合用来深入理解事物，或将之与周边的故事、情节相联系，以便使记忆逐步深化。

每个人应该都希望通过商务活动和个人活动来提升自己的价值。

但凡有志于达成自己人生目标之人，无论其人生目标是什么，都很重视扎实的阅读。

他们会选择既不费时又能牢记不忘的阅读方法。因为他们充分意识到，把阅读到的内容转化为具体的行动与实际的成果，对人生而言意义重大。

借助高速阅读法，成为商业精英中的精英

倘若能一直坚持阅读，在公司出人头地或受到提拔的可能性便会大幅提高。

这是因为一旦养成了阅读的习惯，个人的思维方式和行为模式都会发生翻天覆地的变化。

那么，让我们来探讨一下，被称为商业精英和富裕阶层的人们，是如何将阅读作为强大武器的吧。

了解这一点后，它必能成为你想要掌握高速阅读法的动机之一。

比方说，假设你的目标是提高年收入。收入目标可以定为任何数字，不过为了方便起见就以 1000 万日元这个整数为目标吧。

对于年收入远低于 1000 万日元的人而言，一听到这个数字肯定会觉得难度未免太大了。

这也在情理之中。因为从日本的平均水平来看，年收入 1000 万日元可以排进前 3% 了。

那么，你知道年收入高达 1000 万日元或 1500 万日元以上，被称为准富裕阶层的人们，他们平均每个月的阅读量是多少吗？

《总裁》是一本深受高收入商务人士喜爱的杂志，出版该杂志的总裁社每年都会策划以事业成功者的习惯为主题的特辑。其中，总裁社曾做过一项针对阅读习惯的问卷调查。

调查结果表明，**年收入在 1000 万日元以上的人士，平均每月的读书数量为七本。**

不仅如此，该调查还发现，年收入上亿日元的大富豪们要么阅读量略微高于七本，要么养成了早晨阅读的习惯。

比尔·盖茨是美国最具代表性的亿万富翁，据说他的习惯是每晚睡前阅读一本书。

如上所述，**在事业成功及创造财富的过程中，阅读的确是一件极为重要的武器。**

读到这里，你或许有些沮丧："什么呀，讲的都是与我无关的事情呀？""说来说去，还不是说没有坚强的意志就不能成功吗？"你甚至想要放弃。

但请再稍等片刻。请你好好想一想下面的问题。

现实生活中绝大多数人每月的阅读量仅为一到两本书。甚至完全没有阅读习惯的人也不在少数，是不是？

然而，即使你周围那些被称为精英或者亿万富翁的人，每月平均的阅读量也仅为七本左右。

看到这个数字，你有何感想呢？

现在的感想暂且不论，当你掌握了高速阅读法后，你就会觉得他们其实"也没读多少书"。

因为对你而言，这是一个轻而易举就能达到的数字。

无论如何，届时至少在阅读数量上你完全有资格加入亿万富翁的行列。

仅仅是这样想象一番，你的心情是不是就豁然开朗了？

高速阅读法在资格考试或备考学习中也管用

处在当今的时代，因时间不足而焦头烂额的人随处可见，其中最具代表性的应该要数资格考试或升学考试迫在眉睫的人们了。

“连高频词也还没背完”“历年真题也还没刷完”“三天前就应该记住的公式居然忘掉了”……

这时，能成为你强大助力的就是能让你高速阅读且牢记不忘的——没错！它就是高速阅读法了。

当然，用高速阅读法阅读完全未曾读过的参考书，可能会比较困难。但如果是进入考场前复习重点，那它就是最合适的方法了。

如果是已经通读过若干遍的书籍，那么只需利用将在本书第 2 章中详细讲解的“蓝色笔草书式阅读”方法，便能转眼间巩固书中的关键知识。

高速阅读法就如同锋利的剪刀，是否有用关键在于你如何使用。

你只需稍微改变使用方式，便能收获一个强有力的工具。

顺便提一下，为了记得更牢固，你还需要保证充足的睡眠。

即使需要记住的东西多如牛毛，也要避免通宵复习，这才是更明智的做法。

年长者可通过高速阅读法挑战全新领域

阅读爱好者可能都曾有过这样的切身感受，有的书在读完后才觉一无是处，令人觉得纯属浪费时间。

遇到这种情况，有的人还会感到非常失落，这类问题在年长者身上显得尤为严峻。这是因为，从平均寿命来看，年长者所剩的时间可能少于四五十岁工作繁忙的青壮年。

事实上，本人认识的一位长者曾感慨道：

退休后一下子有时间了，于是挑战了一下大部头的西洋史。我原本想，历史书籍中，不是有许多英雄们的战斗事迹嘛，读起来应该会让人热血沸腾才对。没想到，那套书只是轻描淡写地描述了一下史实而已，完全没有令人感到惊心动魄的内容。

我安慰自己，说不定过一会儿就会出现有趣的内容，就这样一直坚持读到了第三卷左右，结果却还是那么无聊，最后只好弃之不读了。

顺便提一下，这套历史书籍共有 12 卷之多。这位长者浪费的不仅是金钱，还有宝贵的时间。

作为同样爱好阅读的人，我很懊恼未能早些认识这位长者。

想必你已明白，倘若这位长者能够早些认识我，那么我便能告诉他什么是高速阅读法，这是一种即便是高龄人士也能轻松掌握的阅读方法。

如此一来，他便能很快地读完第一卷，并果断地放弃想要继续读下去的念头了。

当然，不仅历史方面的书籍适合年长者，理财方面的书籍或是教人享受孤独的随笔等，任何类型的书籍都可能适合他们。

高速阅读法对于时间有限的年长者而言，实在是最合适的阅读方法了。

人际关系或育儿烦恼，也可借助高速阅读法解决

烦恼这玩意儿，哪怕是在社会最小组织单位的家庭中也是无穷无尽的。这从媒体连日来对家庭内部各类事件的大肆报道中，便可窥见一斑。

常年居于家庭中的人，其所处世界往往容易变窄变小，不少人的思想深受身边人的影响。

即使有人建议他们略微扩展一下自己所处的世界，但如果本人忙于育儿或有父母需要看护，则几乎是不可能经常接触外部世界的，这是一个很现实的问题。

这时，高速阅读法便能派上大用场了。

或许你难以在现实世界中开阔自己的视野，但若是在书籍中，你既可以学习到专业人士的育儿观念，也可以学习到心理学大师的相关主张。

不仅如此，**高速阅读法无须占用太多时间，人们即便是在育儿和看护的短暂休息期间，也能见缝插针地进行阅读。**而且，正如我已反复絮叨过的那样，阅读过的内容还能牢记不忘。

高速阅读法不仅适合商务人士，而且还很适合考生、家庭主妇、年长者等人士，无论何种身份，只要是没有时间的人，该方法都是最合适的阅读方法。

你的人生目标是什么？阅读的目的又是什么呢

在本章的最后，衷心希望你能明白的是：

只阅读不实践，并不能助你达成人生目标，也无法助你在事业上成功或出人头地。

最重要的是要思考如何将高速阅读法“变为你的强大武器”。

有一段时期，NLP 理论非常流行。简而言之，NLP 就是一门被称为“神经语言程序学”“大脑的操作手册”等的学问。

但是，抛开研讨会的讲师不谈，真的有人仅靠学习 NLP 理论就能出人头地吗？

虽然该理论号称通过模仿他人的行为模式，能够提高自身的沟通能力，但真的要将其运用到实际的工作或学习中却是非常困难的。事实上，即使你采取与他人完全相同的行为模式，也未必就能出人头地。

在这方面，高速阅读法也同样如此。

也就是说，能否成功的关键在于**“如何根据你的目标与环境来灵活运用”**。

你重视的是什么？你关注的焦点在哪里？

希望阅读能帮助自己的人士，从上述两个角度出发思考问题非常重要。

假如你带着清晰的目的进行阅读，那么哪些知识应该获取，哪些知识不必获取，便一清二楚。甚至该如何运用获得的知识，以及通过哪些步骤实践也能了然于心。只有通过上述实际行动，阅读才能成为你的强大武器。

同时，目的越明确越能触发大脑的记忆，使读过的内容过目不忘。从这个意义上讲，**在开始实践高速阅读法时，首先明确阅读目的至关重要。**

再深入一步说，我们处于人生百年的时代，如何才能少走弯路不断提升自身的价值呢？是时候认真思考这个问题了。

为此，你首先需要获得提升自身价值的强大武器。也就是说，你需要学会借助高速阅读法阅读书籍，并将其转化为付诸行动的力量。

这种提升自身价值的强大力量，也将成为编织自己美好未来的强大力量。

唯有如此，你的人生目标才有可能得以实现。

第2章

实现高速阅读的超强阅读技巧

只需阅读前的一点准备，阅读速度便可大大提高

用语言明确阅读的“目的”

高速阅读法的最大特点，是能让人高速阅读且牢记不忘。那么，为了学好高速阅读法，需要做些什么准备、需要如何进行阅读、需要下些什么功夫，以及需要如何利用大脑呢？把上述事情弄清楚很重要。

让我们先来看看“事前准备”吧。

为了让大脑快速运转，牢牢记住阅读过的内容，我们有若干个阶段的工作需要准备。

其中，我认为最重要且一开始便应该做的，就是带着目

的去阅读。

大多数读者朋友开始阅读时，可能带着希望快点阅读完手上书籍的目的，但对于为何要如此快地阅读完却不甚明了。

这样的阅读无法让书籍成为助你一臂之力的忠实伙伴。

对我这样同时拥有三家公司的集团企业家、投资者、脑科学研究人员、作家，以及大学客座讲师等多重身份的人而言，书籍不仅是我忠实的商业伙伴，还是给予我勇气、方法、机会去实现自身目标的强大工具，也是我最强大的武器。

具体而言，准备创业、投资股票的人士，都可以以获取相应的方法和机会为目的进行阅读。

可是，大部分人都没有明确的人生目标和愿望，只是盲目追求快速阅读。阅读结束后，也仅能给出“好有趣呀”“好无聊呀”这类流于表面的评价。

所以阅读过的内容既没有在他们的记忆中留下痕迹，也无法转化为任何的人生成就。

你有明确的目标和愿望吗

如果你准备好了，那接下来让我们直奔问题的核心。

想要做到把阅读与自己的人生和成就紧密联系起来，必须掌握其中最大的秘诀。那便是**首先要有“明确的目标意识与问题意识”**。

这一步非常关键，关系到你是否能让大脑成为你的有力支持者。

跳过这一步，你照样可以往下阅读。但那样的话，不仅阅读的效果会大打折扣，更关键的是你的人生不会有任何变化。

其实，这并没有想象的那么难做到。

若你从未制定过目标和愿望，那就依照本书的介绍一步步制定即可。

做这一步时，不需要确定准备阅读哪本书籍。

反而，尚未确定更好，因为那样你便可以在更平和的状态下梳理自己的目标。

接着，**请在空白的纸上随心所欲地写下你目前想要实现的目标和愿望、自己所面临的问题，又或者在工作中想要获得的技能或职位，等等。**你可以写在笔记本上，如果你平时用手账的话可以写在手账的空白处。你也可以写在第 3 章中将详细介绍的输出笔记上。

你可以写出五六个，甚至写到二十个都没有问题。这之后，无论你是借助高速阅读法读心理学、市场营销方面的书籍，还是历史、佛教等方面的书籍，你的大脑都会自动搜寻到对你的目标有益的内容。这样的阅读不仅可以让你输入更多的信息，同时也对你有更多的实际帮助。

如上所述，时刻有明确的目标意识，或者说有“高速阅读的目标（重中之重）”是非常重要的。

确定目标后，自然就知道该读什么书了

那么确定目标之后，应该选择什么样的书籍呢？

“我该选什么样的书好呢？”

一旦谈论这个话题，很多人就会这样问我。这是因为当你的内心确定了目标和愿望后，大脑便会开始自动搜寻。这就好比战斗机的导弹，一心只想快点前往目标地点。所以，即便从前只是漫无目的地阅读的人，此时脑海中也会冒出这样的问题。

在寻找书籍时，原则上首先要选择与自己的目标、面临的问题相符的书籍。

比如，若你在股票投资上遇到了困难，那么你就要先写出你的目标、愿望以及想要解决的问题。

若你在孩子的教育上遇到了困难，那就要写出未来的理想，以及期望孩子未来长成什么样子。

之后你便只需前往有一定规模的书店逛一逛就可以了。

只要把想解决的问题写在纸上，大脑便会自然而然地寻找到与之相匹配的书籍。

你听说过色彩浴效应吗？

比如，你平时完全没有留意过红色，但当你在早间新闻中听到自己今天的幸运色是红色时，那么你不仅会注意到街上行驶的红色公交车，甚至连在工作单位和书店你也能发现各种各样红色的物品。

我的公司也非常重视明确目标和问题。

我在提拔年轻员工做部门负责人或项目负责人时，会先做一件事。那便是与当事人面谈，一边比较自己心目中理想的负责人形象和对方的个性特征，一边与其谈论两者间的差距。

当然，任何员工都有长处和短处。因此，在与年轻员工进行面谈时，我会把对其长处的称赞，和希望其掌握的技能、改变的缺点，严格分开来进行谈论。

具体而言，就是类似如下的交谈方式。

“你想成为什么样的负责人？”

“我想成为既能提高员工的积极性，又能提高自己业绩的负责人。”

“那你认为自己哪些方面还有欠缺呢？”

“对业绩的认识还有所欠缺。”

“请再举出三个左右需要改进的地方。”

“设定目标的能力不足。我不知道该怎么制定目标。然后为了对下属进行管理……”

就这样，在交谈中一步步细化面临的问题。

如上所述，我会先让他们明确自己的目标，提出需要解决的问题。然后，让他们在我的面前把问题全部写在纸上。

这样做了之后，即便本人没有意识到，他们的大脑也会自动搜寻与目标、问题相关的信息，如在商务杂志的专栏中发现相关报道，或者记录下在商务会谈中听到的感兴趣的内容。

类似这样的经验，我相信每个人或多或少都曾有过。

高速阅读的主角，并非是书而是你

人就是如此，一旦确定了想要解决的问题或想要实现的目标，大脑便会自动去寻找、去发现相关的信息。

高速阅读法正是利用了大脑的这种特殊能力。

打个比方，你正在经营一家美甲店或咖啡馆，但不知道该如何利用博客或 Instagram 吸引客流。那么想方设法吸引客流，便是你急需解决的问题。

有了这样的认识后，在色彩浴效应的作用下，你只需要在书店里来回走上几圈，便能遇到最适合你的书籍。不仅如此，当你开始阅读时，还能跳过与“吸引客流”这一目标无关的内容，**大脑会高速搜寻目标问题的解决方案，阅读速度**

便会不断提高。

明确目标是进行高速阅读的一个重要前提。倘若没有把目标用语言予以明确，那么无论怎么利用高速阅读法的各种技巧，也做不出多大的成果。这个准备工作虽然看似不起眼，却至关重要。

现在，你所需要的是有助于“实现目标和解决问题”的阅读，也就是高速阅读。**你不需要把书中的内容全部输入自己的大脑。阅读的主角不是书籍，而是你自己。**请务必记住这一前提。

高速阅读第一遍：如何才能在 15 分钟之内读完第一遍

高速阅读法，是指在 30 分钟之内把一本书读三遍的阅读方法

在此，让我们再次复习一下什么是高速阅读法吧。

高速阅读法，是指在 30 分钟之内把一本书读三遍的阅读方法。

第一遍 15 分钟，第二遍 10 分钟，第三遍 5 分钟。这是操作模式①。

假设我们阅读的是一本 200 页厚的书籍，并以 5 秒之内读完一页为目标。如此一来，约 15 分钟便可读完一本 200 页的书。假如阅读的书籍有 300 页，目标时间便应该是 25 分钟。

但为什么要把阅读时间分为三次呢？

因为脑科学研究表明，相比一口气阅读下去，分散阅读更有助于记忆。在此基础上，分别在不同的地方阅读第一遍到第三遍的话，记忆效果会更佳。这就是分散效应。

此外，设定为“15 分钟”的依据是，有研究称人类能够保持高度集中的极限只有 15 分钟。因此，在阅读大部头的书籍时，要根据注意力能够持续集中的时间，适当安排休息比较好。

下面，我们来探讨一下阅读第一遍至第三遍时，各自的小窍门吧。

火箭起跑式阅读，使 15 分钟之内读完第一遍成为可能

首先，我们需要准备一个计时器，如秒表等。

我在阅读的时候，使用的一直是手机上的免费应用程序“时间管理”。计时器不需要有太多功能，我使用的就是一个非常简单的计时器，只需点击一下按钮就会开始计时。

至于为什么要使用计时器应用程序，那是因为其有助于提高“专注力”和体验到“成就感”，以及便于进行“记录管理”。

要想实现高速阅读，最关键的是保持专注力。通过专注阅读，可以激活大脑，把它的能力发挥到极致。这样能高效地记住阅读过的内容。

事实上，当我们忧心忡忡地阅读时，眼睛只不过是在机

械地扫过每个文字而已，书中的内容几乎不会在大脑中留下任何记忆。你是否也曾有过这样的体验呢？

但即便如此，你也无须去掌握腹式呼吸法或丹田式呼吸法，以及进行一般速读法教授的类似冥想的专注力训练。还有一种方法能够轻松提高专注力且任何人都能做到，那便是我现在要为大家介绍的火箭起跑式阅读。

众所周知，当人类被强制规定开始和结束的时间后，这段时间内的专注力便会大幅提升。比如，我们在参加体育比赛或考试时就是如此。一旦规定 50 分钟的时间，一个人的意识便只会聚焦于此，因而大脑的专注力便能得到充分的发挥。

火箭起跑式阅读，就是利用计时器制造出了与此完全相同的情形。

你不妨试着在计时器上设定一个时间，把它放在你面前的桌子上，是不是立刻有种被追赶的感觉呢？建议你将时间设定为 15 分钟，然后开始倒计时，以便更好地发挥专注力。

按下开始键的同时，目不斜视地一鼓作气开始阅读，这便是火箭起跑式阅读。因为必须在 15 分钟内全部读完，所以在阅读过程中你的专注力是不会中断的。

另一方面，通过记录并管理自己的阅读时长，能够收获满满的成就感，进而更期待下一次的阅读。为了养成高速阅读的习惯，你也可以不用倒计时，而是用普通的计时器来计算每次的阅读时长。即便只是这么做，同样能大大提高专注力。

坐到椅子上的同时按下计时器，一鼓作气开始阅读

除此之外，在开始阅读时，我还会有意识地做一件事情。那就是尽量清除开始阅读前的各种障碍。

一般而言，读者们在开始阅读前会做些什么呢？

通常即使是为了阅读前往咖啡馆的，你是不是也会在坐到椅子上后，先拿起手机浏览一下新闻，或查看一下近期的安排呢？

然后又开始回复几封工作或私人的邮件。你的心情也会因邮件内容而变得高涨或低落吧。

这样一来，由于你的心情无法做到张弛有度，以至于最后连阅读的时间和精力都没有了。

为了避免类似情况的发生，我特意为自己制定了一个规则。

那便是养成把书放在自己面前的习惯。而且，几乎是在坐下的同时，就从包里拿出书放到桌子上。

倘若可能，还要同时打开计时应用程序，按下开始键。如此一来，这期间便不会受到任何无关事情的诱惑，立刻进入高速阅读状态。

人的意志脆弱得超乎想象。我们的意志力在遇到各类障碍时会不断地被消耗殆尽。

为了防止这类情况的发生，我们要预先清除付诸行动之前被大脑认为是障碍的东西。如果可能，最好把这些障碍全部清除干净。

在伊利诺伊州立大学的一项实验中，研究人员探讨了人们是倾向于选择有包装的点心，还是没有包装的点心。

结果表明，即使点心上只有一层包装，人们也会觉得麻烦，会更倾向于选择没有包装的点心。

也就是说，人类就是容易受到诱惑且怕麻烦的生物。

目录可以不用读

在一般的速读法和阅读方法中，建议认真读“目录”的方法十分常见。如果你是个阅读爱好者，那这一定是你曾见过的一个常规模式。

然而，我这个常年坚持高速阅读的人却会有这样的疑惑：“真的是这样子吗？”

人们认为应该认真通读目录的理由通常是：只要认真阅读目录，便能提前了解书籍的内容布局、章节的结构，有助于快速阅读和理解书中的内容。这听起来确实颇有道理。不过，令人意外的是这完全是徒劳无益的。

那么，这究竟是为什么呢？

倘若在阅读时带着明确的目的，那么说实话，完全没有必要去读目录。

我读过许多速读方面的书籍，几乎每本书上都写着“读目录吧”“读了之后，再去读后记吧”。

然而，若信以为真照此去做的话，那你浪费了大量的时间。

我之所以这么说，是因为**无论目录中的大标题还是小标题，正文中全都有。**只需阅读正文，自然便能读到目录中的所有内容。特意花费时间去读目录，不仅特别费事而且十分浪费时间。

那么，为什么书店里堆积如山的速读书籍，都在主张目录非常重要呢？那是因为把握书籍全貌，有助于读者一边预测书中内容，一边进行阅读。

一般速读法希望读者事先了解书籍的内容和主题，确定一个大致的方向，之后便只需活动眼睛读取书中的内容了。我认为，一般速读法主张读目录，是为了更好地配合这一系列的动作。

也就是说，他们是为了让读者找出所读书籍的主题，才会主张从目录开始理解书中的内容。

不过，如果一开始便在输出笔记上，写下如何将书中的内容运用到自己的人生中，那么就不必再读目录了。

试图从他人构建的目录中找到自己阅读的目的与主题，那岂不是太过于依赖别人了吗？

如果真的想做到独立阅读，那就先把目标和问题写在纸上。然后，再按照这个目标进行阅读，这非常重要。

也就是说，在进行高速阅读时，目录原则上可以跳过不读。

我就是这么做的。这样一来，首先就可以缩短进入正式阅读前的时间。

后记也可以不用读

接下来，我们讨论一下后记。

与目录一样，后记也是对作者想法的提炼。所以，最初我也对如此多的阅读方法推荐读后记感到万分惊讶。

有时候，我们确实可以从后记中找到答案。然而，在大多数情况下，这是难以做到的。

基本上，后记只不过是作者以口语的形式，对正文所述内容进行的补充或简单的概括总结。

也就是说，后记中的大多数内容是与正文相重合的。

这样一来，那些**与自己目标不符的内容，如果你认为没必要粗略地浏览一下的话，那跳过不读也没关系。**

作者的自我夸奖，以及对亲朋好友的致谢也可同样处理。即使不读也不会妨碍你对书中内容的充分理解。

大部分人肯定会读这些内容。但我不是，但凡看到类似“写此书时，承蒙咨询公司田中先生的关照”之类的字眼，我一定会毫不犹豫地跳过不读。

我不必再判断需要读还是不需要读。

当自己的目标和愿望十分明确时，我自然就这么做了。

只是，希望大家不要误会我这么做的理由。我认为作者写致谢本身是一件非常好的事情。被感谢的人应该也很开心。我本人也曾在自己的书中致谢过我的员工们。

只不过，作者这些致谢的话并不是对“你”说的话。

作者是写给支持其写作的妻子、孩子，以及给予其关照的编辑、朋友的。所以，你就不需要读了。

如此一来，在进入正式阅读之前，就已有十多页不属于高速阅读的内容了。

没有阅读价值的部分统统跳过

让我们接着往下看看，还有什么可以跳过的吧。

接下来轮到插图和图表了。

本书中的插图和图表基本上都是用于补充正文内容的。

请试着看看本书的图表（见第 10 页）。你感觉如何呢？无论是图表中的文字还是表述的内容，是不是几乎都和正文一模一样呢？

这是因为在制作插图和图表时，一般会摘录正文的部分文字。因此，插图和图表大致就是对正文内容的概括。

当然，我并非全盘否定所有的插图和图表。

例如，我们想要充分理解工作步骤等流程，或以形象的方式记住难懂的公式时，利用图表记忆效果会更佳。

但是，**如果你已经读过正文并对内容有了充分的理解，那么把这些统统跳过不读也是毫无问题的。**

已经理解的内容，即使再次利用图表进行巩固，恐怕也难以达到更好的效果。

如此一来，虽然不同的领域会有一定的差异，但最多的时候一本书有三分之一的内容将不需要你阅读。

有的读者可能会对此感到惊讶。不过，在进行高速阅读时，我们时刻需要判断，书中的内容究竟是否值得阅读。

最终，这将涉及一个非常重要的观点：**认为一切都重要的人，在其眼里一切东西都显得十分重要。在最大限度利用大脑能力进行高速阅读时，了解这一观点非常有必要，这也是我们应该拥有自身目标和愿望的最大原因。**

目标越明确，一切就越显得不那么重要，就越能清楚地知道哪些是自己不需要的。

我们需要事先确定哪些内容重要，哪些内容不重要。只要做到这一点，任何人都能在最大限度地灵活运用大脑记忆力的同时，轻松实现高速阅读。

阅读正文之前要先阅读封面和腰封

有的人可能会担心：如果不读目录的话，不会因为不了解书籍全貌和自己需要的重要部分而苦恼吗？

这一点完全不用担心。

在我创造的高速阅读法中，同样设计了阅读前的相应步骤，使阅读者足以准确把握书籍全貌。

那么，我会以什么样的顺序阅读呢？

我在阅读时，大概是以10分钟之内读完第一遍为目标。

阅读的顺序则是：**首先读书名，接着读腰封，之后再进一步读封底。**

仔细阅读一下腰封，便能基本了解可以从该书中获得的主要内容。仅需阅读这一部分，你便能获得几乎等同于目录的信息。或者你需要在正式阅读之前获取更多的信息？如果是的话，那我希望你能给出一个合乎逻辑的理由。

此外，还有一个地方是我在阅读正文之前会阅读的。

那便是**前勒口**。

勒口就是打开封面后看到的左侧的部分。与腰封类似，图书编辑会在这里用极为简洁的语言，向读者说明希望读者在该书中获得的重点内容。而且，在大多数情况下，这部分内容往往都只有寥寥数行。

我们按照以上顺序读下来，并把握相关内容，一般都能了解到该书的主要内容以及作者想提供给读者的价值点。

无论是腰封还是封面，内容都是专业编辑耗时数日，有时还要接受销售人员或主编的指正，才得以归纳出来的要点。这些内容就是对该书最易懂、最客观的表述了。

此外，还需要阅读一下作者的个人简介。

这部分也不能走马观花地仅仅浏览那些错落有致的文字，而是要带着了解作者经历的目的去看。

开始阅读正文之前，让我们先阅读这些地方吧！

通过阅读作者的经历，我们可以了解作者的个人背景、人生目标，以及人生中重视的事物等核心内容。我认为，以这样的顺序阅读更有助于快速理解书中的内容。

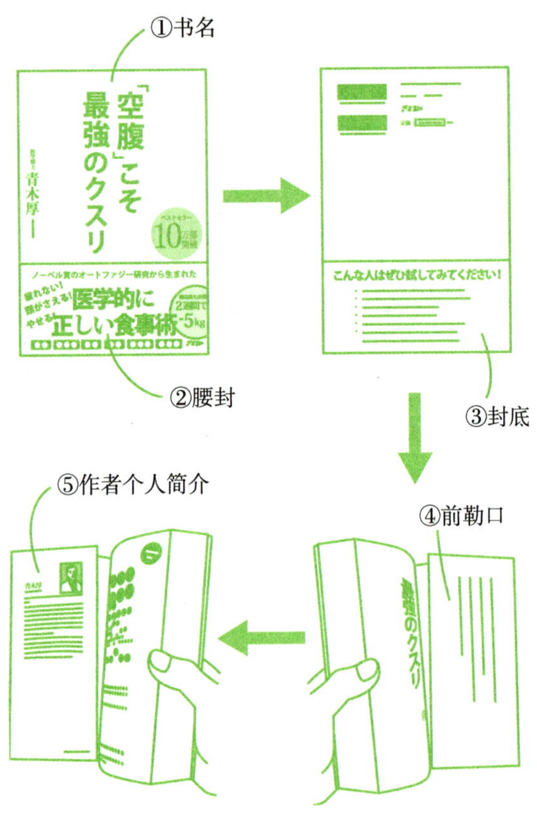

读第一遍的窍门——不要回头重看

那么接下来，我便教给大家借助高速阅读法阅读正文时的窍门吧。

在本书中，我们定下的目标是在 15 分钟之内读完第一遍。

等习惯高速阅读法后，你也能像我这样仅用 8 分钟便能读完第一遍，但在此之前，你的目标仍是第一遍：15 分钟；第二遍：10 分钟；第三遍：5 分钟。

如果你能在 15 分钟之内读完一本书，那么便意味着你掌握了本书介绍的基本模式。

关于第一遍阅读，由于是最开始的阶段，因此首先以高速阅读为前提，不要回头重看任何文字，就这么直接去理解内容。

当然，以你目前的情况，可能很难做到这一点。

因此，接下来我将向大家介绍一个有助于实现高速阅读的技巧。

把阅读速度提升到高速的技巧——“也就是说”阅读法

基本上，无论什么样的书籍，作者想表达的内容通常都只有一个。

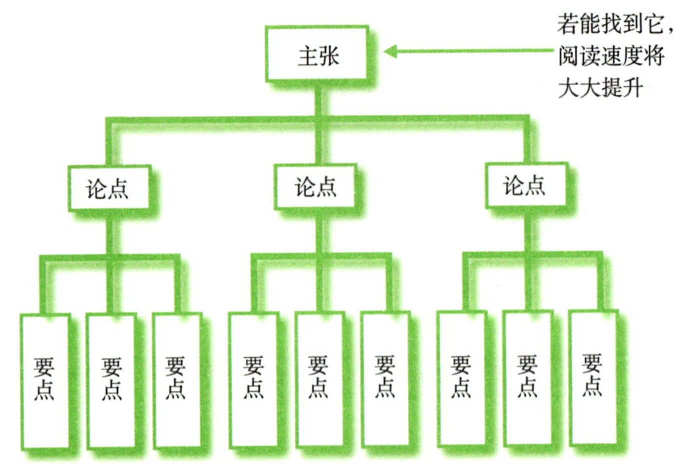

可能有人会反驳说：“不，才不是呢。我现在读的书中，作者有三个主张。”但这主要是结构上的问题。只不过是针

对同一个主张，有三个论点或五个应该注意的要点而已。

也就是说，无论什么样的书籍（除非它是一篇小说或日记式的散文），只需掌握作者的主张以及论点，便可以大致理解该书的内容。

我接下来要向大家介绍“也就是说”阅读法。

这是我从咨询经验中总结的一种阅读方法。做咨询的时候，我必须要先说结论，然后再进行解释。为了训练员工，我教他们：“可以不发出声音，但首先要在脑子里告诉自己‘先说结论’，然后再开始论述。”

结果，不可思议的是，哪怕是毫无经验的新人，也都能成功地从结论开始组织语言。这是因为，即便只是内心的声音，大脑也会被其引导，开始从结论说起。

同样的道理，**你在阅读时若在脑海中喃喃自语：“也就是说，什么呢？”那么你便能够无意识地区分出重要和不重要的部分。**

那么，作者想表达的究竟是什么呢？作者的主张和结论基本上都会出现在固定的位置上，因此把握起来并没有那么困难。

- 作者想表达的是，“也就是说，什么呢？”（结论）
- 支撑结论的论点和要点是如何排布的呢？（结构）
- 以结论为中心理解文章结构。

我自从开始使用“也就是说”阅读法后，就意识到如果目的明确，一本书中约有半数的内容是可以舍弃不读的。

从那以后，我便能做到高速阅读。我又意识到，**不符合阅读目的的地方可以舍弃不读。仅仅通过提炼出与自己的目标相关的内容，便能加强记忆。**这样便能把时间用在制订计划和付诸行动上。

在此基础上，我一边探寻着结论——“也就是说，什么呢”，一边进行阅读，从而使得阅读的速度越发快起来。

阅读第一遍时，折角

顺便一提，我在阅读时不喜欢使用标签，是个彻底的折角派。

我会在我认为特别重要的页面上折角。至于为什么说折角更好，首先是因为这样做无须借助其他工具。

另一个关键原因是，如果贴标签的话，时间长了标签有时会脱落。我有时会在包里随身携带两三本书，时不时会在包的底部发现脱落的细长标签。

这大概是因为标签在书籍相互摩擦的过程中脱落了。这样一来，再想把标签贴回原处几乎是完全不可能的。

如果用折角，则不存在这种问题，我们只需观察折角的页数，一眼便能分辨出从自己的目标和愿望看，哪些是价值高的书籍。因为那样的书籍折角页面很多，所以相同页数的书籍，对自己重要的书籍会变得厚得多。

习惯高速阅读法之后，你拥有的书籍就会像滚雪球一样越来越多。因此，还是从开始便“规划”好，以便届时一眼就能找出有价值的书籍。

高速阅读第二遍：通过蓝色笔草书式阅读牢牢记住

以折角页面为中心，使用双重技巧阅读

15 分钟之内读完第一遍后，接着便进入第二遍的阅读。

第二遍要和第一遍间隔一定的时间，并在与读第一遍时不同的场所进行。这样分散进行，可以使阅读到的内容更容易被牢牢记住。

读第二遍时无论有无经验都要在 10 分钟之内读完。

不过，你一点也不用担心自己做不到。因为已经读过一遍了，书籍的全貌你已有所把握，而且你也知道重要的内容在折角的页面内。

因此，你只要以折角的页面为中心进行阅读就可以了。

高速阅读是无须跟着其他人学习的，只需一遍又一遍阅读同一本书，任何人都能做到。

我从一位认识的企业家那里听说，乐天公司的三木谷先生[①]是一位博览群书的阅读爱好者。据说，他能以惊人的速度读完一本书，周围的人都惊讶不已。我觉得，这是因为他至今为止已经读过太多各式各样的书籍了，所以几乎能瞬间理解一本书的内容。

例如，阅读同种类关于说话方式的书籍时，与第一次阅读相比，你在第二次阅读时已经了解的地方和信息都有所增加，所以能够更快地阅读。

同样，管理方面、人力资源方面等稍有些难度的组织理论方面的书籍，也是如此。

去年，一本名为《重塑组织：进化型组织的创建之道》

① 日本电商巨头乐天市场运营公司乐天株式会社的社长兼会长。——译者注

（*Reinventing Organization*）的翻译书籍大受欢迎，它的页数多达近 300 页，任何人读完这本书都需要花费不少时间。

有一定组织理论方面阅读经验，而且实际从事过人事或管理的相关工作的读者，由于已经理解的内容较多，阅读起来速度应该就会非常快。

与此相同，已经读过一遍且已理解其内容的书籍，利用“也就是说”阅读法，带着巩固的目的进行的阅读便是第二遍阅读。

这样的阅读将产生双重效果，使阅读速度快得惊人。

活用情节记忆：蓝色笔草书式阅读

读第二遍时不需要阅读全部页面。

只需阅读折角页面的前后几页，以及阅读第一遍时未曾来得及理解的部分就可以了。

我在阅读时，第二遍大概只阅读整本书的 70%。剩余的部分在读第一遍时就已判断无须再读第二遍，因而会毫不犹豫地舍弃。

也就是说，为了牢牢记住优质书籍中的精华，读者只需要把必要的页面连续阅读两遍即可。

这时候，**我推荐的阅读方法是蓝色笔草书式阅读。**

蓝色笔草书式阅读，可能对你而言是一个比较陌生的词语。这也是可以理解的，因为这完全是我自创的一个词语。

虽然是我自创的，**但却是一种有充分脑科学依据、让人更能牢记不忘的阅读方法。**下面我便来具体介绍一下。

经常有这样的人，他们看完的书还是干净得如同新书一样。

当然，其中也有性格的因素。在我的公司，确实也有员工不愿意在书籍上划线。此外，年长者也比较倾向于将书看得格外宝贵。

如果是为了方便以后作为二手书转卖才保持书面整洁，

那倒是可以理解的。

但是，**阅读完毕后书籍仍旧干干净净的人有一个致命的缺点，那就是很难记住读过的内容。**

一本书若未能在你的记忆中留下任何痕迹，则对你的人生几乎是毫无帮助的。你投入了大量时间却收不到任何回报，这是不划算的。

我把这种状态描述为“书中的内容没有植入到你的大脑中”。

这种状态在阅读完的书还干干净净的人身上尤为明显。那究竟为什么会这样呢？这意味着在阅读时阅读者没有对书施加任何行为。

然而，大脑的基本特征是：更容易记住伴随喜怒哀乐等情绪的事情。

也就是说，阅读时若能伴随“唉——”或“原来如此呀！”等情绪，书籍中的内容会更容易被植入到大脑中。

这种现象在脑科学中被称为“情节记忆”。

这正是高速阅读法进行蓝色笔草书式阅读的秘密所在。

让真实的情感与书籍碰撞，创作出情节

那么，为什么要用蓝色笔潦草地书写呢？这是因为倘若能把感悟到的东西饱含感情地以文字形式写下来，知识便会更容易以情节记忆的形式被植入到大脑中。

我们都知道，人们过去的记忆其实并未被完全清除，而是被收纳在大脑深处。

据说，仅仅一个大脑就消耗了 25% 维持整个生命的能量。如果消耗如此之大的大脑还把所有的记忆都一一保存，那它的能耗就会变得非常之高了。

因此，过去的记忆会被收纳在大脑深处，除非有必要，否则很难再出现在意识中。然而，打个比方，当你前往一个露营地时，会清晰地记起自己小时候在露营时吃过的咖喱的

味道和做法。

这是因为大脑把这段记忆视为对生活无用的记忆存储在了大脑深处。

而你前往露营地触发了记忆开关，这段回忆作为一个情节与过去的记忆同时被大脑唤醒了。

这就好比当你看到一张欢快的潜水海报时，脑海中会浮现出海牛、藤壶等名字。每段记忆都以当时的喜怒哀乐等情绪为触发点，在你大脑中以情节的形式全部联系在一起。

被称为记忆达人的人们，并非只是拥有一个超强的大脑。从脑科学的角度来说，他们只不过是制造记忆触发点的高手，通过随心所欲地操控情节记忆实现超强记忆罢了。这便是连脑科学都公认的最先进的记忆术。

把这一机制应用到阅读上来的，便是“蓝色笔草书式阅读”。

在书上书写文字本身就可以成为触发点，极容易被记

住。如果在写的时候还饱含感情的话，便能形成情节记忆。

仅仅只是阅读的话，书中的内容有九成不会在记忆里留下任何痕迹。像这样想方设法把内容烙印于脑海之中，是非常重要的。

为什么“蓝色笔”是最佳选择呢

使用蓝色笔有特别的用意。

不同的颜色给予大脑的刺激各不相同。例如，白色能给人以信任感；红色则能唤起人们的激情和热情。

我经常光顾的王将饺子店，据说只不过是把招牌换成了橙色，销售额就翻了好几倍。因为暖色系有提高食欲的效果。

那么，蓝色会给予大脑什么样的刺激呢？

蓝色主要能激发人的思考能力和分析能力。据说它对于把记忆烙印于脑海之中也有一定的效果。

除此之外，书上的文字通常都是黑色的。因此，若使用黑色笔可能无法顺利读取所写内容。但若用红色笔又过于显眼，在进行高速阅读时会十分碍眼。

为了避免上述情形，于是我决定在草书式阅读时使用蓝色笔。

把书弄脏也没关系！将印象深刻的笔记烙印到记忆中

在用蓝色笔潦草书写时要尽量在文字中注入感情，这一点非常重要。

因为在第一遍高速阅读时，即便想着“原来如此，可以用在企划书上”，或者“明天跟下属说说这个”，有时也会忘得一干二净。

总而言之，人类是一种健忘的生物。在阅读第一遍时印象深刻的内容，在阅读第二遍时用蓝色笔草书式阅读方法，便可将长期记忆烙印于脑海之中。

因此，阅读者不仅要用蓝色笔划线，还要在旁边写下：

“跟下属田中讲一下这个！”

“把这种心理学理论灵活运用在商务谈判中，通过超强的销售技巧激发全体员工积极向上的精神！要让销售额提高 10 倍！”

诸如此类，这样写下来会让人更加印象深刻。

你感觉如何呢？

只要在书写方式上稍下功夫，记忆效果就会有巨大的差异。这样的笔记能让我们想起记笔记时的心情。

日后重新再读时，倘若笔记写在希望牢牢记住的精华内容周围，那么你当时划线和写下笔记的理由不就能一目了然了吗？

最重要的是，这样书写笔记更容易使书中的内容作为情节记忆烙印于脑海中。

如上所述，在高速阅读法中必须使用蓝色笔做笔记。因此，我们难以在图书馆借来的书籍上进行高速阅读。

书籍是人生的忠实伙伴。所以，把想读的书买回来，尽情地用蓝色笔书写吧。

高速阅读第三遍：改变人生的输出式阅读

以蓝色笔记部分为中心，一边思考输出方式，一边阅读

那阅读第三遍时又要怎么做呢？

阅读第三遍所需的时间约为 5 分钟。

如果是我的话，第三遍时需要读的内容仅占整体的 10% 左右。

从整本书来看，大概就是读取其中一成的内容。

而且，并非所有的书籍我都会读三遍。

倘若内容比较浅显或在一定程度上已经牢记的书籍，读

完两遍后我就会停止阅读。因此，在我读过的书中，10 本中大约仅有 3 本走到了这个阶段。

一本书若读到了第三遍，那么任何人应该都会认为该书的内容对自己的人生非常有帮助，或者能立刻用在工作中，又或者是想教与或告诉下属。

也就是说读到第三遍不是因为阅读法本身要求的步骤，而是因为这是一本适合你自身目标和愿望的书籍。正因为这样的书有可能改变你的人生，你才会进行第三遍高速阅读。

反过来说，高速阅读法不过是为了遇见这样的书而实施的一个甄别手段罢了。

我将会在第 3 章为大家详细介绍一种读书笔记——“输出笔记”。而值得做输出笔记的就是能阅读到这个阶段的书。

简而言之，输出笔记是为了把从书中获得的知识与自己的具体行动联系起来所做的笔记。

以做输出笔记为前提，思考如何将从书中获得的知识与

自己的行动联系起来，并用蓝色笔在书中添加这些内容，就是第三遍的输出式阅读。这实施起来并不难，正如第 85 页中所述，只需具体写出“把这个讲给某某听”，或者“在下周的演讲中用上这个方法吧”等即可。

你不需要花费太多时间。你只需在 5 分钟之内，读完值得归纳到输出笔记上的内容就可以了。

这时书籍你已读过两遍，也应已掌握“也就是说”阅读法了。不仅如此，阅读第一遍时留下的折角也会大有用处。而且蓝色笔草书式阅读时留下的笔记，应该也能让你瞬间想起哪些地方是重要的。

因此，即便只抽出这些部分进行阅读，这些部分也能瞬间成为触发点，触发情节记忆唤醒当时的情绪。这对巩固记忆也有一定的帮助。这样的内容也就 10～20 页左右。

所以，速度快的人可能不到一分钟就能读完第三遍。

高速阅读法操作模式②，可用于教辅书或参考书

适合不擅长专注阅读人士的方法

高速阅读法中还有一个“变形模式”（即引言中的“操作模式②”）。

前面介绍的是分三次、间隔一段时间、集中阅读同一本书的方法。但也有专注力达不到 15 分钟的人士，以及阅读难度较大、以高速阅读法的速度难以理解的书。

例如，用编年体编写的历史书和学习参考书，可能适合用变形模式阅读。

此外，操作模式②也很推荐考生或准备参加资格考试的人士使用。

那么，接下来我便给大家介绍一下操作模式②具体如何实施吧。

实施操作模式②最重要的是注意以下两点：

- 读完一章之后，再重读一遍；
- 每章各读两遍，第三遍通读全书。

总而言之，这种模式只是阅读的流程与操作模式①略有不同，同样仍是花 30 分钟时间把一本书读三遍。

对于不擅长专注阅读的人士或者在阅读较难懂的书时，借助这样的阅读模式，就能把书中的内容烙印于脑海之中。

当然，前面介绍的阅读方法（即引言中的操作模式①）中使用的“折角”和“蓝色笔草书式阅读”，在操作模式②中同样需要用到。

具体而言是以下这样的。

例如，以一本由五章构成的书籍为例，阅读时间为 30 分钟，分配情况如下：

- 第 1 章　阅读第一遍（3 分钟）→阅读第二遍（2 分钟）；

　　↓

- 第 2 章　阅读第一遍（3 分钟）→阅读第二遍（2 分钟）；

　　↓

- 第 3 章　阅读第一遍（3 分钟）→阅读第二遍（2 分钟）；

　　↓

- 第 4 章　阅读第一遍（3 分钟）→阅读第二遍（2 分钟）；

　　↓

- 第 5 章　阅读第一遍（3 分钟）→阅读第二遍（2 分钟）；

　　↓

- 第三遍通读全书（5 分钟）。

由于每读完一章便岔开了时间，因此用总共阅读六次的时间便可以读完一本由五章构成的书。

又或者也可以把时间分为第 1、2 章合计 10 分钟；第 3、4 章合计 10 分钟；第 5 章和通读全书合计 10 分钟。

我希望你能找到一个最便于自己实践的阅读方式。

如果今天你感觉自己不够专注，那么请尝试使用一下操作模式②吧。

第3章

让阅读结出硕果：输出笔记的写法

从阅读迈向行动！动手写输出笔记吧

用输出笔记将阅读与人生联系起来

从本节开始，让我们探讨一下输出笔记的意义，以及具体的写法吧。

或许有人会疑惑："输出笔记归根结底不就是类似读书笔记的东西嘛。"

然而，输出笔记与读书笔记是截然不同的。它们不仅写法不同，目的也完全不同。

人们写读书笔记只不过是把阅读的感想漫无目的地写出来而已。你甚至可以管它叫"读书日记"。

与此相对，**写输出笔记则是为了将从高速阅读中获得的知识转化为自己的东西。**这并非写下对所读书籍的感想，**而是简单易懂地写出，能将阅读过的书与实际行动联系起来的行动方针或提示。**

听见需要写输出笔记，各位有何感想呢？

有的读者可能会想“想要坚持下去会很辛苦”“写了但最终没什么效果呀”。

如果你进行高速阅读的目的，仅仅是为了提高阅读速度，或许可以跳过本章不读。

又或者，有的读者即便不写输出笔记，同样能把阅读转化成具体的行动或工作的成果。这样的读者，也没有必要勉强自己写输出笔记。

但是如果真的想把阅读到的内容烙印于脑海中，落实到具体的行动方案中，并灵活运用到平时的生活、工作中，那还是需要在某处有一个这样的输出“机制”。

到目前为止我所介绍的高速阅读法的技巧，已最大限度地激活了你的大脑。这种方法应该比你所尝试过的任何阅读方法，都能让你更容易地牢牢记住阅读过的内容。

毋庸置疑，高速阅读的最终目的是通过阅读实现你的人生目标和愿望。

在此过程中，最重要的是从目标倒推，对所读内容进行输入和输出。

若以将书中的知识输入进大脑为阅读目的，那真是本末倒置了。

不可在输出笔记上花费大量时间

在写输出笔记时，我们要有一个大前提：在书写上面花费大量时间并非好事。

此法是我历经多年从不断的试错中总结出来的。先从结论说起吧，**请记住若在输出笔记上花费太多时间，你是无法**

坚持下去的。

我称之为书籍精华的是：对你而言非常重要的地方，以及在蓝色笔草书式阅读中发现的要点。

我觉得最好把这些精华提炼五六个，或者最多十个，然后逐个列出来。

因此，我所说的输出笔记非常简单，只需 10 分钟左右即可写完。

而且，输出笔记能够提升阅读者对书籍内容的记忆程度，与之后的具体行动计划和实际行动也会产生关联。读到这里的朋友，倘若对我有些许兴趣应该已经明白了吧。

我不喜欢无用之物。接下来，我便为大家介绍，去除了一切不合理、不规则、无用之物的最强输出笔记术。

用雅虎新闻标题的长度，列出书中精华

真正对自己有用的输出笔记应该是什么样的呢？

把书籍内容转化为实际成果的关键在于，制订行动计划和付诸实际行动。

既然如此，那只需写出与你的行动计划和实际行动密切相关的内容就可以了。

比方说，你的目标是提升 Instagram 的好评率。

如果带着这样的目的去阅读 Instagram 营销方面的书籍，你就会识别出如何在 Instagram 上分享图片效果更好，或者如何引导顾客树立口碑等内容便是书中的精华。

首先，要把书中的精华部分以 13 ~ 20 个字的长度写到输出笔记上。

所有这些精华全都有助于你做出实际成果。剩下的便只需思考如何将其实际运用到工作、生活中去了。

也就是说，行动计划也要一起写在输出笔记上。

若只是列出 20 个字左右的简单要点，相信任何人都可以做到且无须花费多少时间，同时更易于在大脑中进行梳理。很容易就能牢牢记住，因此能够立刻学以致用。

著名的雅虎新闻相信大家都不陌生，它的新闻标题均由 13 个字组成。据说，这是因为雅虎研究后，推测出人们能够一眼看懂并转述给他人的字数就是 13 个。最重要的是，**字数少更容易牢记不忘。**由于内容能够烙印于读者的脑海之中，所以很容易形成口碑并被大范围传播。

13 个字到 20 个字的内容，口述仅需 3 秒。

演讲高手或交谈时从不冷场的沟通达人，往往储备着许多 3 秒就能聊到的话题。当然，输出笔记也可以用于提升聊天能力或交谈技巧。

最差的输出笔记实例

这真的是老生常谈的问题了，最不好的就是以作文的形式写输出笔记。

我有个名叫 A 的熟人。他为了养成输出的习惯，也开始写输出笔记。然而，他向我诉苦说完全记不住读过的内容，于是我请他把笔记本拿给我看。

然后，仅看了一眼我便惊呆了。

A 是那种性格一丝不苟的人。他的输出笔记也完美地反映了其本人的性格，写满了密密麻麻的文字。

这还不是我觉得最不好的地方。

最不好的是，他的输出笔记如同读后感那样长篇大论地写着书中的内容。

总结时喜欢长篇大论的人，其实是未曾在自己的头脑中整理好思路的人。正由于其中多余无用的信息太多，所以很难在记忆中留下痕迹。

以上评价听起来可能有些不近人情，但归根结底，不能为你所用的知识就是无用且毫无意义的。阅读海量书籍，带着目标和愿望进行阅读，哪怕只是一毫米也应该想方设法让自己更接近目标和愿望。

阅读完毕后人生几乎毫无变化之人，结果无异于在浪费时间。如果是这样，就应该好好思考一下如何把阅读和人生联系起来。

你的人生是有限的。若无法开启一个收获满满的人生，那么你的时间只会越来越少。

当今的时代，无法仅靠知识量取胜

我之所以对熟人 A 的输出笔记给予了如此苛刻的评价，是因为仅靠知识无法取胜的时代即将到来。

拥有这一观点非常重要。我们不妨换个角度思考一下。

通过海量阅读增长知识确实是非常重要的事情。

不过，当今这个时代，尤其是二十来岁的年轻人，只需点击几下触摸屏，无论想要多少信息都能轻松获取。而且他们不仅可以通过眼睛浏览信息，还可以通过耳朵听取信息。因此，仅仅是大量接触、掌握信息本身，已再难成为一个强大的武器。

如何利用获得的信息并将其转化为具体的行动，进而改变自己、改变环境，将这三件事与高速阅读法联系起来已变得尤为重要。

从这个意义上讲，仅仅停留在写输出笔记上未免太过可惜，应该充分利用它将知识变为自己强大的武器才对。长篇大论地写感想纯粹是浪费时间、浪费精力。既然写了就写出能牢牢记住、过目不忘的输出笔记吧。

不仅如此，与一般笔记术相比，我所介绍的输出笔记，在写笔记这件事上花费的时间大幅缩短。

我在写输出笔记时用的是小方格笔记本。

使用小方格笔记本书写，可以清晰地分辨出输出笔记中记载的不同内容，如“阅读的目的和问题”“书名”“书中精华”“今后的行动计划”等。

此外，小方格笔记本还非常便于徒手画图或制作图表，使用起来特别顺手。所以，我强烈推荐你使用小方格笔记本写输出笔记。

写输出笔记的四大要点

具体的实践方法

接下来，我就为大家介绍一下输出笔记的具体实践方法吧。

写输出笔记主要有四个要点：

- 写出阅读的目的；
- 写出书名和笔记；
- 在 20 个字以内逐条写出书中精华；
- 逐条写出行动计划和具体的行动。

简单地写输出笔记吧

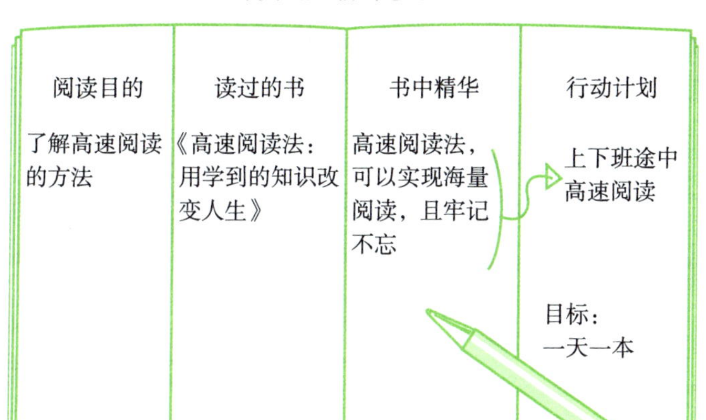

让我们逐一看看。

1. 写出阅读的目的

阅读之前一定要用语言明确阅读的目的。你只需通过这一简单步骤，便可实现更高速的阅读。

比如，“想改善人际关系”“想通过股票挣钱”“想研究武将的谋略”，等等。

2. 写出书名和笔记

书名自不必说，日期和阅读时间等也请自由记录下来吧。通过写出阅读时间，还能收获成就感，更容易养成阅读习惯。

3. 在 20 个字以内逐条写出书中精华

把书中的重点控制在 20 个字以内逐条写出。即使有多个重点，也要保证每条控制在 20 个字以内。

例如：

- 常识会随着时代的变化而变化；
- 过度的关爱会演变为多管闲事；
- 正义不一定能获胜。

诸如此类。

4. 逐条写出行动计划和具体的行动

写出书中精华能与哪些具体行动联系起来。

譬如，针对上述几条精华可以这样写：

- 常识会随着时代的变化而变化→以非常识为重点思考

新策划；

- 过度的关爱会演变为多管闲事→和 Y 保持些许距离吧；
- 正义不一定能获胜→不要把自认为的正义强加给下属。

等等，诸如此类。

把输出笔记转化为具体行动

在写输出笔记这一步骤中，最为重要的是行动计划。

行动计划若能实现，便意味着输入行为——阅读，成功转化成了输出行为——行动。

请你回头重新阅读一下引言 XV 页的输出笔记的示例。

我想你一定发现了行动计划写在笔记本的最右侧吧。

你知道为什么要将其写在右侧吗？

这是因为，在横向书写的笔记本中右侧最显眼。此外，在浏览横向很宽的笔记本时，人们一般习惯性地先看右侧。

正因如此，才要把输出笔记中最为重要的行动计划放在最右侧。

接下来的说明可能有些冗长，还请耐心看完。

书籍上的精华内容，对你而言还是非常抽象的内容。也就是说，尚未转化为属于自己的东西。这就好比需要将他人的高档西装按照自己的尺寸定制成自己的西装。

这部分非常重要，我再略微细说一下吧。

比方说，你读了乐天的三木谷社长写的书，想把书中介绍的工作技巧应用到自己目前的工作和团队的培养上，那要怎么做才行呢？

最好的方法是，在提取出书中精华之后，在最右侧逐条写出具体的行动计划，即如何让精华有助于自己做好工作并做出实际成果。

又或者，假设你的目标是想提高聊天能力。只要大量阅读就会发现书上满是提高聊天能力的技巧。你需要做的是把这些技巧总结成输出笔记，在最右侧写明实际要如何开展行动。

一旦行动计划被安放在最右侧这个显眼的位置，你便会经常看到它。由于每次看到它都会再将其重新输入至大脑中，因此你一定会对其牢记不忘。

正是由于这些记忆一直存在，原本抽象的行动计划用不了多久便会转化为真正的行动。

在这一过程中，**输出笔记相当于你的行动总计划。上面满满当当的提示均是逐条写出的，因而瞬间便能跃入眼帘，成为你的行动指南。**

如何把行动计划与实际行动联系起来呢

将行动计划划分优先顺序或明确具体进度，更容易与实际行动联系起来。

为此，你应该做些什么呢？

首先，制订完行动计划后，接着把目前问题的解决程度

又或者紧急程度换算为分数，写在输出笔记上。

按照满分 10 分打分，这种方法将对行动很有帮助。通过打分，你将能够更客观地聚焦于当下。

“这项是 1 分，我还差得远呢。”

“这项是 9 分呀，那我和作者一样，基本上已经做到了呢。”

你可以这样客观地给自己的行动划分优先等级。

在努力争取获得高于现在的分数——哪怕只是多一分的实际行动中，你大脑内部的优先顺序也能得到相应的优化。

如此一来，便会对你的行动产生影响或成功提升自己的技能。像这样优先掌握自身不具备的技能，并将其转化为自己的强大武器，是非常重要的。

这样的人可能无须写输出笔记

借助高速阅读法，即便是初学者也能在 30 分钟之内把一本书读三遍。

原本读一本书需要 2 个小时的人，便能多出 1.5 小时的自由时间；原本需要 5 个小时的人，则能多出 4.5 小时的自由时间。

这些多出的时间用来做什么呢？这是一个非常重要的问题。若这些时间只是用来在咖啡店里漫无目的地看风景，你的人生是不会有任何改变的。

所以，应该打开笔记本亲自制订行动计划尝试真正行动起来，又或者把阅读到的内容运用于交流和兴趣中。高速阅读法就是与上述行为、行动相结合的阅读方法。

有的人只需阅读完一本书便能立刻学以致用。这样的人平时就已养成“输入 = 行动”的习惯。

那他们为什么能做到立刻学以致用呢？这是因为这样的人平时就拥有明确的目标。因此，他们的任何输入都能转化为解决自己面临的挑战和问题的具体行动。

不过，这样的人少之又少。我最初也无法做到这一点。像我这样，二十来岁时连成人式都没参加差点沦落到啃老的人，这样的思维模式不是轻易就能掌握的。

因此，我们才需要输出笔记的帮助。

反过来，若已养成这样的思维模式和习惯，或许就没必要写输出笔记了。

人生不会因被点赞而改变

通过写输出笔记，仅需几千日元便能把有实力的人的真本事，转变为现在的你能获取的内容。进而将抽象的内容转化为更为具体的行动计划，加之是自己亲自思考、动手动笔所写，因此对书籍内容的记忆便会越来越深刻。

读一读市面上的速读书籍，你便能经常看到让读者去社交媒体上发布动态，或者在博客上分享读书感想的建议。

然而，这么做真的能改变你的工作和生活吗？

当然，我并不是说这样做有什么不好。事实上，我现在几乎每天都在 Facebook 和博客上发表阅读到的精华内容。

但那是因为我是一名企业家。我发布的内容员工也会看，所以这既能用于培训员工，也能为公司做宣传。此外，我还是一名作家，我也有持续向读者传递优质信息的愿望。所以，我的行为看似无偿进行，其实是有计算回报的。

若问没有任何好处我是否还能继续坚持发布动态，坦白说，我非常不确定。因为即便坚持下去，能收获的东西也实在少之又少。

人生不可能仅凭点赞和评论就好转起来，世界上没有这么容易的事情。

若遇到优质的书籍，多花些时间在输出笔记上

输出笔记不仅看上去朴实无华，写起来也无须花费多少时间。

但正如有句名言所说，世界上“没有无例外的规则”。有些书的输出笔记写起来就既费时又费力。

这样的书主要有以下两种，请参考。

情形一：收获颇多的优质书

就算一本书的页数再少，只要内容足够有深度、你想要写出的精华内容多，那么写输出笔记还是需要花费时间的。

倘若为了缩短书写时间，故意略去对精华的提取，那么毫无疑问这将不利于之后的成果转换和自我成长。当一本书给你这样的感觉时，可能需要花费平时两倍左右的时间来写输出笔记。

我大概读完二十本书才能遇到一本这样的书。每年都会有几十本书，需要我花费不少时间把阅读到的内容落实到行动方案中。

情形二：与目标和愿望直接相关的书

如果是一本与你目前的目标和愿望，又或者眼前面临的挑战有直接关系的书籍，那你自然能注意到更多的精华内容。

这样的书，放慢速度仔细阅读反而对你更有好处。不加选择，任何书籍都一口气高速读完，这样并不能让你的人生有更多的收获。阅读更像是在布满沙砾的荒野上独自行走，需要自己择道奔跑。

以上这样的特殊情形还需要我们提前知晓。

输出笔记将成为人生的圣经

最终目标是获取前人的思路

我再给大家介绍一个有助于任何人都能通过输出笔记提升脑力的观点吧。

那就是：归根结底，你最大限度地利用大脑，**进行高速阅读的理由之一，是为了获取自己视为榜样之人、自己十分尊**

敬之人、自己极度憧憬之人的思路。拥有这样的观点很重要。

只要把写输出笔记看作是为了获取这样的思路或者思维模式的方法，便会特别容易理解这一点。

我猜有不少人都在为无论怎么努力、怎么辛苦，都无法提升相关技能或者无法做出什么成果而烦恼吧。

从脑科学的角度来看，这是因为思路不正确。

若能在行动之前获得正确的思路，便能轻松提升相关技能。

模仿高手们为什么能那样接近本尊呢

在此，我用模仿来比喻说明。

明石家秋刀鱼先生和塔摩利先生[①]的模仿，为什么总是那样惟妙惟肖，甚至连突然的提问，回答时也能模仿得如同本尊一样呢？你是不是也觉得很神奇呢？

---

① 两人均为日本著名的搞笑艺人。——译者注

然而，只需思考一下大脑的构造，便能立刻知晓其中的缘由。

若想使模仿达到专业水准，仅仅依靠复制本尊的习惯和动作是无法实现的。

这时，最重要的是**获取本尊的大脑，即原原本本地获取本尊的思路，之后便能逐渐掌握此人的思维模式**。

这类似于一个想要学会一门传统技艺的学徒，最快的方式是首先学会师傅的思维方式，然后再依次掌握其他技能，最终成为和师傅一模一样的人。所以，从事传统技艺行业的人们都认为师徒同住在一个屋檐下是最好的。

如上所述，大家如果能理解获取思维模式是写输出笔记的最终目的，那就再好不过了。

通过高速阅读法把思路复制到大脑中

书籍一般由一流的企业家、某个领域的高手，又或者是你感兴趣的领域中有丰富成败经验的人写成。

如果你读过这些人的书，把书中的内容落实到输出笔记上，并融入自己的行动计划中，那么自然会去模仿他们的正确思路。

倘若能按照上述方法去做，那管理和投资类的工作，即便只是看着书照搬照抄，也真的能以惊人的简单方式提升相关技能。

如果是尊敬的堀江贵文先生[①]，应该会这样想吧？

如果是乐天的三木谷先生，应该会这样做吧？

这些令人敬佩之人的思维模式，是可以通过高速阅读获取的。可以说，能够这样思考的时候，就是书籍作者的思路被复制并被植入到你大脑的时候。

当然，这不限于商务领域。比如，因在人际交往中紧张而烦恼的人士，只需模仿已克服同样烦恼的某个作者的思

① 堀江贵文，日本著名互联网门户网站活力门原社长兼CEO。——译者注

路，便能找到解决该问题的头绪。

只要从复制作者思路的角度写笔记，那么高速阅读法便可以用于日常生活和工作，甚至可转换成自己的创意构思。

我认为这就是足以改变人生的阅读方法。

只要你坚信**“最终可以通过输出笔记实现自己的梦想，改变自己的生活方式，进而改变自己的人生”**，那么你就能清楚地意识到，高速阅读法与单纯的阅读之间的差别有多大。

虽说效果如此之大，但也并不难实现。只要能切实地把阅读到的内容转换为具体的行动，你的人生就会发生巨大的变化。

为此，你需要明确地写出阅读目的，把书中精华逐条写下来，然后利用自己的大脑和具体行动将其转化为实际成果。

倘若在每一次转化中你都能觉察到自己有所成长，便能

感受到其中的乐趣，进而能坚持不懈地做下去。

借助高速阅读法，不再认为“失败”是失败

当然，在这个过程中也会遭遇各种各样的失败。如果失败了，你就要从中吸取教训，不断改进自己的方法。

不过，有时你也会在失败时受挫，或者不知道该如何是好。

即便在这样的时候，高速阅读法也能让你自然而然地想到，还有其他书能教自己怎么做。让你觉得只要你把书中所教的内容逐条写下来，大脑就会帮助自己摆脱困境。

因此，只要以此为目的进行高速阅读，你所阅读的书籍类型就会不断增加，你就会明白广泛阅读不同类型的书籍有什么好处了。

这是一种与通过一般快速阅读法沉迷于自我满足完全不同的思维方式。

高速阅读法也是一种可实现任何目标的笔记术

比如，如果你在股票投资中屡屡碰壁，那么就会回想起“那本书上好像写着，在四季报中寻找有潜力的股票时，只需与去年的业绩相比较就可以了”。你按照当时制订的行动计划，实践该书所主张的内容。若是这样做了之后再次碰壁，那就再回想其他的书，或者在输出笔记中加入新的精华就可以了。

偶尔重读一下输出笔记也是个很不错的习惯。

我经常对前来参加研讨会的学生和社会人士言辞严厉。因为既然好不容易来参加研讨会，我自然希望他们能把与我的相遇和感悟转化为具体行动，进而改变他们的人生。

我也不怕在本书中再次重复这些严厉的话语：**听着，只知道写输出笔记的人永远是傻瓜。如果只是写输出笔记，那小学生也会。**

只有写下输出笔记，进而采取实际行动、不断回顾的人才是聪明的人。

为了追求更好的自己，你要更多地去付诸实际行动，这样阅读时的疑问也会不断增多。

如“这样做行不行啊”“这本书会怎么解决这个问题呢”。

有多少个这样的问题，你之后便会有多少次飞速成长的机会。

正如第 1 章所述，人的大脑只要苦苦思索某个问题，便会自动寻找答案。我认为，若能把大脑的这一特点利用到极致，便再好不过了。

你的身后，站着许多名叫书籍的支持者

为什么要做笔记呢

到目前为止，我向大家说明了输出笔记是一个有效的手段。

但关于做笔记对大脑的影响，我尚未来得及说明。

对此我也想好好说一说，以便大家能更好地加深理解，并以此作为本章的结束语。

令人意外的是做笔记是件麻烦的事。

平时习惯了同时处理多项任务的人，即使没有特意做笔记，也可以在工作中表现得游刃有余。因为他们的大脑已经受到了相应的锻炼。

另一方面，笔记也是一个降低机会损失的好工具。

人类是一种记忆会不断消失的生物。以目前的科学水平，无论如何也阻止不了这种现象。正因如此，我们才可以借助做笔记来降低机会损失。

我们如果能养成做笔记的习惯，那就不会再因害怕忘记而感到不安了。

这个世界上有一条绝对法则，那就是最终只有懂得输出的人才能获得力量。仅仅追求输入的人，是很难能够出人头地的。

你或许认为研究人员和大学教授不在此列，但最终对他们的评价也仍是以论文等的输出为评判标准的。

归根到底输入只不过是为了实现输出的一个手段而已。

所以你需要有这样的认识：阅读的过程要一直延续到输出为止。

一旦成功输入，就要尝试写输出笔记，这很重要。这样做既有助于在记忆中留下痕迹，也有助于牢记不忘。

除此之外，输出笔记完成后还要时常回顾。

输出笔记中写着许多重要的提示，同时也是自己人生的记录，包括快乐的事情、惊讶的事情、成功的事情、失败的事情，等等。回顾输出笔记就好似回顾人生往事一样，你可以看到自己在什么时候读了什么书。这十分有助于你变得更加自信。

从脑科学的角度上讲，自信是一个无形的非认知的领域。正因如此，一旦走投无路就要回头重新阅读输出笔记。

输出笔记相当于至今为止自己所做出的成绩的总记录表，能让你不由得感叹：啊，虽然看不到，但原来这么多的书籍站在我的身后，坚定地支持着我啊！

把输出笔记当作人生的忠实伙伴

人类能在大脑中思考的事物是有限的。

我们把无形的东西具体写出来后，应该做什么就简单明了了，而且解决方案也会变得逐渐清晰。

像这样，多下功夫将直接思考的能力转变为直接行动的能力非常重要。

从这个意义上说，高速阅读法是一种非常卓越的、合法的“作弊”方法，是一种能让你在工作和个人成长中实现弯道超车的方法。也就是说，**你梦寐以求的哆啦 A 梦的四次元口袋，就是高速阅读法中的输出笔记！**

第4章

通过高速阅读法提升脑力，人生也会变得丰富多彩

只要读上七本书，任何人都能成为某个领域的有识之士

短短两周的高速阅读就能带你进入一个全新的世界

已经对高速阅读法全貌有所了解的你，或许正在思考该如何利用这个方法。

倘若你有明确的目标和需要解决的问题，那么你就可以借助高速阅读法，将任何领域书籍中的知识变成你强大的武器。

即便是外行人、门外汉，只要充分利用高速阅读法，你也能成为该领域的“有识之士”。

是不是很激动人心呢？如果能做到这些，自己不就拥有

无限可能了吗？事实上，无论你到多少岁，都是拥有无限可能的。因为，这个世界上存在着融汇了古今中外所有智慧的书籍。

那么，我们想要了解一个陌生的领域时，要读上几本书才能说精通该领域了呢？

据说，世界著名顾问、曾担任麦肯锡公司日本代表的大前研一先生，每年都会改变钻研的领域。他说，只要花一年时间阅读该领域的书籍，很容易便能将其研究透彻。

然而，大前先生是以世界为舞台大展身手的人，像我们这样的普通人既没那么多的时间，也没那么游刃有余，更没有必要那么做。

我认为，只要读上七本相关的书籍，便能掌握足以成为该领域的有识之士的知识。

打个比方，你调到了新的部门，第一次学习市场营销。你想了解市场营销的基础知识、事业成功的诀窍以及未来存在的风险，等等。

那么，请去购买七本该领域的书籍。

根据我的经验，**首先你需要有两本学习基础知识的书籍。**

这两本请选择“插图较多的书籍”或“以零基础为前提编写的书籍”。只要读完这两本最基础的书籍，你就能把握该领域的全貌，以及理解所用词汇的意义。

接着，你需要三本可以提升应用能力和判断能力的中等水平的书籍。

这三本书我推荐你选择切入点各不相同的书籍。例如“技术类”“成功体验类”“失败经验类”等，选择从不同角度叙述的书籍更能获得广泛的知识。

再把这些知识汇总成为输出笔记，你的知识量和行动力都将得到飞跃性的提升。

最后，再选择两本专业水平的书籍，以提高你的专业水准。

如果只读五本该领域初级和中级水平的书籍，会怎么样呢?

恐怕他人对你的评价只是对该领域比较熟悉而已(虽然从一个外行人达到这个水平已是不易)。

因此,为了让你的强项成为周围人所认可的技能,专业水平书籍的帮助不可或缺。专业水平的书籍并不是指晦涩难懂的书籍,而是指内容最接近你的职业与所处环境的书籍。

以营销为例,你要从实体店营销、电商营销,又或是企业之间的营销(B2B)之中,选择最符合你的实际情况的书籍。

如果能做到这一点,那么你给周围人的印象,必定是一个具有必要的知识和专业能力的人,即专业人士。

请这样进行你的阅读:以基础水平的书籍为地基,以中级水平的书籍为支柱,建造一个属于自己的、独一无二的欧式或日式风格的房子。

借助高速阅读法,一到两周便能读完七本书。

所以，对于一个知识储备为零的领域，只需要一到两周的时间，你便可以获得深厚的知识，并将其运用到实际的工作和生活中去。

只要坚持下去，不难想象，一年后的你必定会拥有比现在更丰富、更充实的生活。

只需要实践高速阅读法，便能掌握现代人的必备技能

逻辑思维能力将得到提升

之所以能提升逻辑思维能力，是因为高速阅读法能提高个体阐释事物的能力。如果我们对事物的阐释一直模棱两可，没有在自己的头脑中梳理清楚，那么无论怎么努力学习逻辑思维，都是无法掌握逻辑思维方法的。这种能力是在反复思索如何把自己的主张和想法转换为自己的语言，使之更容易传递的过程中掌握的。

高速阅读法中的输出笔记，恰好最适合用来做这样的训练。你的逻辑思维能力也能因此得到提升。

当你有意识地输出时，自然而然便会开始在头脑内进行梳理。由于你必须正视经验的匮乏和诸多的疑问，因此为了弥补这些不足，你会开始带着“目标意识”搜寻新的信息。由于输出前经过了思维上的反复推敲，因此输入的精度也会同时得到提高。

你也可以反过来想：如果只是快速地阅读，几乎不可能获得逻辑思维能力。想法和行为连你的潜意识都能攻陷，又岂是仅仅通过输入就可以改变的呢？

你必须采取实际行动，如动手实践或者向对方进行通俗易懂的说明等。通过实践本书所介绍的输出笔记，最终便能获得逻辑思维能力。

创意能力和构思能力都将得到提升

因为我们时常有意识地输出，创意能力和构思能力也将得到提升。

借助高速阅读法，我们的知识储备会成倍增加，因此与之对应的构思创意的能力也将显著提升。

所谓创意，不过是不断地把为数不多的想法进行排列组合，生出更多的想法罢了。因为大多数创意都是各种事物的组合或者是结合，又或者是从中衍生出来的。这个世界上几乎没有什么是完全原创的。

因此，**拥有许多用以构思的种子和故事，便意味着你的构思能力将无限扩大。**

实践高速阅读法，非认知能力也能得到提升

能获得学校不会教授但却非常重要的脑力

我希望大家能把高速阅读法当作忠实的伙伴，用自己的双手开拓人生，任何时候都能活出真正的自我、坚强地生活

下去。

通过阅读能够获得的能力有：思考能力、执行能力、批判性思维能力以及沟通能力，当然还有丰富的知识体系。

此外，通过阅读还可以获得一个非常重要的能力，即非认知能力。

非认知能力是指感知到语言中未表达出来的内容的能力，如能明白“这个人在想些什么”“会发生什么样的事情”，等等。

非认知能力也被称为预知能力或感知力。在充分利用认知脑科学理论的教育领域，非认知能力这一概念正备受关注。

事实上，事业成功的人士和善于沟通的人士，皆拥有很高的非认知能力。

通过高速阅读法进行阅读，便可以提升非认知能力。

因为，归根结底，**锻炼非认知能力，其实就是让你的大**

脑感知到更多的信息。

通过高速阅读法掌握假说思考

我认为假说思考的思维模式不用特意学习，通过高速阅读就能自然而然地掌握。

为了寻找答案，自己选择书籍，自己去发现、去实践所获得的内容，会在你的大脑与心灵中留下深深的痕迹，会烙印于你的记忆和经验之中。

这样的知识与体验，会长久地支持你的人生。

因此，无论试图通过阅读学到什么知识，你的心中时刻都要意识到：如果是我就这样做，如果是我就这样想。这样一来，在日常生活中，你便会养成思考如何解读、如何面对、如何找到答案的习惯。

以上综合训练出来的这些技能，便是假说思考能力。通过高速阅读，你也可以进行这样的训练。

海量阅读 + 海量行动，让你越来越自信

高速阅读法，还能培养出百折不挠的心灵

多伦多大学和约克大学的研究表明，完美主义者对失败抱有强烈的恐惧心理，反而会出现决断力和行动力不断下降的现象。

为了防止这类情况的发生，**你一旦写好输出笔记，想好了行动方案后，首先便要尝试按书上的内容做出实际的行动。**哪怕只是一点点，哪怕只前进一两毫米，关键是要试着往前走。

同样，当你又读完一本书时，哪怕只是前进一两毫米，也要做出实际行动。或许最初只有微不足道的变化，但当你坚持读到 10 本书时，你的行为将会发生巨大变化。

此外，通过这样的行动，还能克服恐惧心理，包括上文研究结果中所写的对失败的恐惧。

这种思路看似简单，但从脑科学的角度来看，也是极为

重要的。

有一种名叫“复原力”的心理能力，也与该思路类似。其在宾夕法尼亚大学心理学系教授马丁·塞利格曼[①]（Martin E.P.Seligman）博士提倡的一种行为心理学思维模式——积极心理学中非常受重视。

复原力直译为日语的话，意思是“百折不挠的心灵”。

人的心灵一旦受创，想要完全修复是需要时间的。而且，一旦心灵变得容易受创，便会逐渐对自己失去信心。没错，就好比二十来岁时的我。

90% 的日本学生缺乏自信

另一方面，能干的销售领导、成功的企业家，又或是交际广泛、能言善道的人，往往都是自信满满的人。

① 马丁·塞利格曼（1942—），美国著名心理学家，曾任美国心理学会会长。他提出了轰动心理学界的习得性无助理论，关注人的幸福，被誉为“积极心理学之父”。——译者注

从这一角度来看，通过高速阅读法进行海量阅读、海量行动，也可以提高一个人的自信。

若能通过自己什么都会、什么都知道这样的自我肯定感来提高自信心，便能收获一颗百折不挠的心灵，即心理学所说的“复原力”。

也就是说，坚持高速阅读，将有助于提高你的心理柔韧性，使你最终可以通过复原力获得积极思考的能力。

事实上，这种积极思考的能力是非常重要的。与其他国家相比，日本年轻人的自信水平非常低，因此他们的心灵也极易受创。

有数据表明，与美国人和中国人相比，大多数日本人——十个里面有九个，都对自己没有信心。

与此相反，美国人中对自己有信心的人占比很高。高达七成的学生回答说对自己有信心。

由此可见，通过阅读提高自己的自信水平，这从国际视角上来看也是很有价值的。我由衷地希望大家可以通过思考如何将阅读与行动联系起来，让自己拥有心理韧性、复原力以及适应力。

与过去相比，可切实感受到自己的成长

变得能够面对自己而不是他人

在高速阅读法中，通过重读输出笔记，不仅可以进行横向比较，还可以进行纵向比较。

借助高速阅读法，你可以阅读完 10 本、100 本，甚至 1000 本书。

这样，你通过重读精心书写的输出笔记，**便可以与自己进行比较，了解到“自己竟然积累了这么多知识，付出了这么多努力”**。

人总是不由自主地进行横向比较，如和自己的邻居、同

事进行比较。这是无法避免的，这也是我本人必须反省的地方。

但其实各位读者都知道，自己最大的竞争对手就是自己。

为了弄清楚自己做了多少事情、坚持了多久、有多么乐在其中，以及为了进行纵向比较而非横向比较，重读输出笔记便显得尤为重要。

无论成功失败，皆可写进输出笔记中

为了方便理解，就以你的工作为例来思考吧。

我已经多次强调，倘若想把阅读与事业联系起来，则必须伴有相应的行动。

你必定会在行动的时候碰壁。这种时候，帮助你突破困境的关键便是输出笔记。它虽不起眼，但却能够帮助你突破巨大的困境，是一个小而有力的武器。

如果行动失败了，而输出笔记是用黑色笔书写的，我就会把新的经验和失败体验用蓝色笔或红色笔添加进笔记中。

如果使用可擦笔，便可以轻松添加或删减文字。

这样一来，无论成功还是失败，所有的新体验都能被汇总到这一本输出笔记之中。

这时，输出笔记不仅包括从书籍中获得的精华内容，还包括新的体验、从失败中受到的启发，俨然已经成了一本专属你个人的伟大圣经了。相信你的每一次重读，都将产生新的体验和价值。

因此，即使失败了，我也不会写下“真讨厌啊，真遗憾啊”，而是写下“很好的一次尝试，我真的努力了”“又给输出笔记增加新的一页了”。

养成这样的习惯后，你已经无须留意想法是否积极，因为你的大脑中只会浮现出积极的想法了。

高速阅读法，对孩子的大脑发育有帮助

既然要阅读，就用效果更好的阅读方法吧

高速阅读法在孩子的教育方面也很有帮助。

据说，2～8 岁是孩子大脑发育最快的时期。这一时期，又被称为“不要不要时期”或“十万个为什么时期”。

处在这一时期的孩子，会不停地问：“为什么？为什么？”

这证明他们一直在思考“为什么会这样呢”这类问题。他们正处于自己思考、自己寻找答案的关键时期，而这就是提升孩子脑力的最大秘密：

- 自己制订计划；
- 自己找到办法；
- 自己付诸实际行动。

若能定期让孩子们做这些事情，他们的大脑便会得到良

好的发育。而且，我认为，能在此过程中提供帮助的就是高速阅读法。说得极端点，决定孩子人生的就是高速阅读法。

正如我多次强调的那样，高速阅读法并非一般速读法。

让幼小的孩子去接受需要高强度训练的一般速读法，负担未免过大，也可能对身体有伤害。然而，只要不使用计时器，便可脱离时间的约束，高速阅读法就变成了单纯的“最大限度提升大脑功能的阅读方法”。

养成高速阅读的习惯，相当于“可以每天练习自己做决定、自己制订计划、自己开展行动、自己做出成果”这一简单的全套流程。

如此一来，孩子将获得对其未来至关重要的所有能力，包括自控力、执行能力、非认知能力、假说能力等。

若能提高自控力，则将来更易获得成功

总之，高速阅读法对幼儿教育来说也是十分有益的，因为它能让孩子从小便知道，“忍耐”会在将来给自己带来好

的结果。

有关这方面的内容，已经在“棉花糖实验”中得到了证实。

这是一个由斯坦福大学心理学家沃尔特·米歇尔[①]（Walter Mischel）组织实施的实验，共计有600人次参与。

在这个实验中，用于诱惑孩子们的道具是甜甜的棉花糖。

在斯坦福大学附属幼儿园进行的这个简单的实验中，研究人员给幼儿园里四岁的孩子们一人一个棉花糖，然后让他们选择：“现在就吃”或是“现在不吃，忍耐20分钟后，得到两个棉花糖”。

这个实验有趣的地方还在于，研究人员进行了长达50年的追踪调查。结果发现，即便只是幼小的孩子，能够战胜

① 沃尔特·米歇尔（1930—2018），美国人格心理学家，哥伦比亚大学心理学教授，被誉为“棉花糖之父”。该实验参考其著作《延迟满足》（*The Marshmallow Test: Mastering Self-control*）。——译者注

自己的欲望的群体，与无法战胜自己的欲望的群体相比，不仅学习能力更强、自我肯定感更高，而且也能更好地应对压力。

这被解释为前者在孩提时代便已获得了“为了将来取得更大的成就而很好地控制自己情绪的能力”，并对之后的成长产生了巨大的有利影响。可见，即便长大成人之后，能从多角度看待事物，拥有自我控制的能力，对于成长和成功也是非常重要的。

高速阅读法也是如此，它是从在某个地方坐好，确定好忍住不玩的时长开始的（可能也有偏好站立阅读的人士）。然后，把意识集中到眼前的文章上，一边发挥高度的专注力，一边进行阅读。

这就是棉花糖实验中所说的“提高自控力”的教育。最终，孩子们不仅能够享受阅读并获得想象力，而且还能学会控制自己。

当然，**由于在高速阅读中需要自己寻找答案，因此也可**

以帮助孩子们培养独立性。

所以，让孩子读完一本书，在输出笔记上写下他们觉察到的东西后，大家一定要这样问一问他们：

“那么，接下来准备做些什么呢？”

“如果通过实际行动收获了成果，可不可以告诉妈妈和爸爸呢？”

我认为，像这样定期和家长一起重读输出笔记，对幼儿的大脑发育也是非常有价值的。

沟通能力可通过高速阅读得到提高

近来，由于没有兄弟姐妹或极少外出玩耍而在交流时没有自信的孩子和大人不在少数。在交谈时格外紧张，无法克服自己没有能力等消极想法，因此而苦恼的人也在增加。

沟通、演讲和商务谈判等能力，当然需要掌握相应的技巧并多次实际历练才能提高。但我认为知识储备比这些更重要。

我们可以通过高速阅读和输出笔记，来增加我们在反击对方、给对方提建议、为对方提供帮助时，可以派上用场的知识储备。

比如，通过逐条写出阅读到的精华，交谈时能派上用场的词句自然也会增加。因此，只要一直坚持下去，沟通能力就能够得到提升了。

文部科学省[①]称“孩子的成长离不开阅读”

文部科学省的相关调查也表明，阅读量越大的小学生，其逻辑思维能力、积极性、兴趣、对他人的理解等各个层面的水平就越高。

文部科学省于 2017 年发布了《关于推进儿童阅读活动的调查报告》。该调查是于当年 1 月至 2 月实施的，我们

① 日本的文部科学省相当于我国的教育部。——译者注

从调查结果中可以得知以下内容（以下内容摘自上述调查报告）：

- 阅读活动的强度与孩子的意识、行为等的相关得分呈正相关。
- 阅读活动与意识、行为等的相关得分之间，即使考虑到个体差异、家庭环境差异，以及平时观看电视时间和学习时间等的差异，也体现出了正相关。尤其是在逻辑思维方面，有阅读习惯的初中生和高中生得分较高。
- 过去是否有阅读习惯也与他们的意识、行为等的相关得分有关系。在小学阶段经常阅读的初中生，以及在初中阶段经常阅读的高中生，在逻辑思维、积极性、兴趣、人际关系等方面得分较高。
- 小学生和初中生，在以个人为单位进行的比较中，和在以学校为单位进行的比较中，即就读学校是否开展阅读活动，都发现了上述差异。

由此可见，**孩子的成长过程离不开书籍。而且，阅读量越大，越能茁壮成长。**

在成长的过程中孩子逐渐学会说话，随之便会把脑海中的想法原原本本地表达出来。

在人气综艺节目《初遣》[①] 中，孩子们遭遇危机时经常会自言自语。正是因为他们在脑海中回想起某些语言后，大脑便会促使个体行动，孩子们才会表现出那样的行为。

由此也可以看出，阅读对于孩子大脑的发育，发挥着非常积极的作用。

各位父母请一定要教会孩子们利用高速阅读法去享受阅读的乐趣。

---

① 日本一档人气综艺节目，1991 年首播，内容为跟拍 2~7 岁的孩子第一次独自出门购物的感人经历。——译者注

阅读量越大，越能产生直觉与灵感

通过高速阅读法学会正确决策

所谓直觉，是人类在庞大信息量的基础上，在反复积累成功经验和失败经验的过程中，培养出来的一种能力。

如果你大脑中的数据存储量是一般人的 100 倍，那么直觉自然也能更为准确。

人类 99.9% 的日常行为都不是经过深思熟虑，而是通过无意识的直觉判断做出的。

例如，据说在西洋版象棋——将棋[①]对战中，花费 5 秒钟想出来的棋步，和花费 30 分钟想出来的棋步，86% 都是相同的。即无论怎样深思熟虑，想出的棋步也几乎没什么变化，这种现象被称为“快棋理论”。归根结底，决策是否正确取决于一个人的大脑数据存储量是否足够多。

① 日本棋类游戏的一种。——译者注

因此，海量阅读并把知识烙印在大脑之中，就能产生这样的直觉和灵感，进而做出正确的决策。不妨说，只要不断地阅读，便能不断地培养自己的直觉和灵感，增加大脑的数据存储量。

思考时长与决策正确性不成正比

思考时长和决策正确性之间是不成正比的。

如果是这样，那完全可以只思考 10 秒。因为，做出正确思考与思考的时间是不成正比的。

而且，时间是有限的。我们理应更多地关注如何以最少的时间和投资实现最大的价值。

如果你是普通的公司职员，那你的时间就更少了。你既有上下班的通勤时间，还有开会、待命等坐班时间。你的可支配时间相比身为企业家的我而言更有限。

正因如此，你需要在较短时间内最大限度地发挥自己的价值，做出成果。为此，你也需要利用高速阅读法扎扎实实地磨砺自己，有效利用自己的自由时间。然后，**利用输出笔记在自己的大脑中进行编辑，养成把信息转变为武器的习惯，这一点至关重要。**

不断“抽奖”的人终将获得成功

成功人士之所以会成功，是因为他们在成功之前进行了大量的尝试，进而获得了优于常人的财富和地位，这是我的一贯主张。打个比方，抽奖时比别人多抽 10 倍的人中奖的概率会更高。这是一个谁都知道的简单道理。

正因如此，通过高速阅读增加行动的时间和次数，便是获得成功的一大技能。

在你的人生中，拥有无数次抽奖的机会，与年龄并无关系。请一定要把这个道理深深地烙印在脑海中。

高速阅读法的最终形式，是把热情有形化

高速阅读法就是把你的热情转化为具体形式的阅读方法。你只要去思考如何让阅读引导和帮助你的“热情（喜欢）”就好了。

在斯坦福大学毕业典礼上那场传说般的演讲中，身患绝症的史蒂夫·乔布斯曾说过：“你喜欢什么？如果你还没有找到自己喜欢的事物，那就一直去找，直到找到为止。否则，你这辈子一定会后悔。”

当时的史蒂夫·乔布斯已经与死亡为邻，他也许回顾了自己只顾着工作的一生，所以才对未来可期的学生们留下自己的肺腑之言：找到自己喜欢的事物，如果没有就去追寻。

我保证，高速阅读法可以在这方面帮上忙。

正因为拥有目标和愿望，才能养成阅读的习惯

高速阅读法会赋予我们聚焦当下的力量

如果你通过高速阅读不断开展行动和学习，便能逐渐聚焦当下。

聚焦当下，能让你专注于眼前的目标，全身心地投入进去。此外，通过让自己保持这样的状态，还能学会自我控制。能够完全控制自己的状态，还有助于提高自信。

人如果过于拘泥于过去，或对未来过度不安，精神通常会变得很不稳定。

此时，发挥“聚焦当下的能力”才显得尤为重要。它可以赐予你精神力量。

可以说，在高速阅读过程中写输出笔记这一行为，正是一种聚焦当下的行为。

如何才能养成阅读的习惯呢

我猜一定有不少人因无法养成阅读习惯而烦恼，因为经常有人问我怎么才能坚持阅读。

每当这个时候，我都会告诉他们："首先，不要急着拿起书，要先明确自己的目标和愿望。"

老实说，即便硬逼着有时间但没有动力的人，让他们利用高速阅读法去阅读，去把书籍变为武器，也难以让他们养成阅读的习惯。

因为即使不阅读也可以用其他方法实现这一目标，如可以利用网络获取相关信息，再通过大量参加研讨会，把信息内容转化为武器。

每个人的做法不同，如果没有决定好想要如何改变自己的人生，便很难用一句"书籍是有智慧的，于人有益，所以肯定是好的"来说服他。如果无法理解这一点，便很难坚持下去。

没有时间阅读的人该怎么办呢

不过，对于没有时间阅读又想养成阅读习惯的人，我倒是可以给一些建议。

最重要的也还是先确定目标。

你想要在自己的人生中得到什么呢？

一个不想改变他人对自己的评价、不需要金钱和朋友，甚至连信息也不需要，希望过上半隐居式生活的人，是绝不会阅读的。

无论具有多么大影响力的人物，若是对在某座孤岛上生活的人说“读了这本书你就会改变”，恐怕也只会被对方笑话吧。

要有自己的目标和愿望、有自己想要改变的事情，才能养成阅读的习惯。

为了达到自己的目标，什么样的方法最快捷、最省钱呢？这时如果灵光一闪想到，不是还有书吗？这个想法就能成为开始阅读的契机。

人在攀登成长的高峰时，最初的阶段是相当艰辛的。但一旦突破这一阶段，就能勇往直前。

人需要尽早体验最初的成长和成功。在成长曲线的最初阶段，感受“我受到了上天的眷顾”“我成长了许多”。这样就能在人生的早期阶段刺激大脑分泌肾上腺素，进而转变为自信。

比如，我在家附近的咖啡馆里，利用高速阅读法总结出行动方案后，便抱着胳膊边看边暗自窃喜道：

“如果做这件事，我肯定会有很大的成长。”

“如果把这个教给那家伙，那他一定会变得很厉害。”

在周围人看来，我一定像个有些危险的中年大叔。不过，这种暗示（脑科学中称为“肯定”）对于增强毅力和学习欲望相当有效。

没有养成阅读习惯的人，即便努力阅读许多书也无济于事。来自他人的评价不会发生变化，人生的机遇和年收入也不会增多。

这样的人几乎都会陷入一种毫无意义的恶性循环之中。

这样不仅没有继续下去的意义，甚至根本没有继续下去的必要，所以很难坚持下去。

正因如此，行动才显得尤为重要。即便失败了，你也可以从失败中学到很多东西。

当你能通过反复的尝试与犯错切实感受到自身的成长时，高速阅读法想必已经成为你的一个习惯了。

利用高速阅读法，能有效提高自我价值

在创造出高速阅读法之前，我要用好几天才能读完一本书

虽说如今每天不紧不慢地读完一本书，对我而言轻而易

举，但在我创造并掌握高速阅读法之前，读完一本书往往要用好几天的时间。

正如“前言”所述，我以前可以说是个落后分子。

我没有考上第一志愿的大学，毕业后也找不到工作。

我当时的想法其实十分单纯，就是大量地阅读，让自己成长起来。

那时的我空有一颗想多读书的心，但阅读却毫无进展。

那也无可奈何，由于读完一本书要花好几天时间，导致书桌上的书越堆越多。最终，堆积在我书桌上的书一点也不见减少。

如果没有想出高速阅读法，我现在会是什么样子呢？直到现在，每每想到这些，我仍会惊出冷汗。

虽然还没能正式开始，但是对于高速阅读法有些许兴趣的各位读者，与其在这里犹豫不决，不如赶紧开始吧。因为这些犹豫不决的时间就已经能够阅读了。

高速阅读法让你发自内心地自信

一个人在什么时候会获得自信呢?

不同的年龄有各种各样不同的标准，如自己的工作得到认可的时候；战胜强大对手的时候；体检时被告知“没有异常”的时候，等等。而我认为“拥有良好习惯的人”“能够控制自身习惯的人”是充满自信的。

比如，平时习惯在健身房健身的人，又或者已经养成阅读英文报纸习惯的人。我总觉得这样的人，自信水平远高于其实际地位和收入。

总而言之，这样的人能够挺起胸脯说：“我拥有一个良好的习惯。”

当然，阅读习惯也是其中之一。

如果能以高速阅读法阅读大量的书，你就可以更有智慧地、快速地从自身内部获得自信，而无须历经千辛万苦。当然，这并不是源自“数量上的碾压”。

顺便一提，像我们公司这样只有几十名员工的咨询公司，社长办公室的墙壁也被书架所占据。因为当我被书籍包围时，我就会觉得充满自信。

人生百年时代，提升自身价值的方法

当今的时代被称为人生百年的时代。

处在这样的时代，有必要认真思考如何才能有效地提升自己的价值。

为此，首先要获得可用于提升自身价值的强大武器。高速阅读法便是其中之一。只要利用、掌握高速阅读法，并直接将精华转化为实际行动就可以了。

通过这样的方式提升的自身价值，将会成为创造未来的强大力量。

有一句话我经常对我的员工说，那就是“要增长别人偷不走的财富”。

这里的财富就是你自己。你拥有的技能和能力是谁也偷不走的。

这才是你的价值所在。

对我而言，书籍是商业伙伴

对我而言，书籍是商业伙伴，是最好的朋友。

我并不是扮酷耍帅，而是真的这么想。

我的员工和朋友都知道，我是不大会把自己的书借给别人看的。试问，你会轻易把与自己想法相通、至关重要的伙伴借予他人吗？

所以，当有人想让我告诉他哪本书好的时候，我一定会推荐对方买下那本书。

不过，要说我是不是把书籍当成特别的存在了，那倒也没有。

或许正是因为我经常把书籍看作与自己平等的伙伴，所以才能从中获益良多吧。

仅为自己存在的输出，难以为继

我平时就有这样的感觉，所以既不会鄙视看过的书籍，也不会因书中内容不好就予以贬低。

我在阅读的时候是这么想的：所有的书籍，只要有那么一行精华为自己所吸收就可以了。

反过来，那些鄙视自己读过的书的人，能从书中获得的东西自然多不到哪里去。而那些把书当成特别存在的人，他们的收获也会变得很少。

因为，他们会拼命从一本书中获取对人生有用的全部内容，所以阅读速度也很难快起来。

与其如此，倒不如把书籍当作共享时间的忠实伙伴。

“谢谢你帮助我。我也会去帮助自己和周围人成长的。”

我在阅读的时候，就是这样想着要把读来的知识用于回

报周围的人。

我会把阅读过的内容回馈给他人。从本质上说，我会把阅读过的书回馈给全社会，正因为有这样的想法，我才能坚持下来。

只是为了记住阅读过的内容，或者因为书里面写着输出很重要，像这样如果只是为了有益于自己的成长而使用高速阅读法，是绝对无法坚持下去的，还是尽早放弃为好。

如果你的人生因此能变得更加丰富多彩，你珍视的人能变得更加幸福，那便是我的莫大荣幸。

结　语

高速阅读的无形价值是什么

脑科学的一项调查发现，“平时把积极的事情写在日记里的人更容易长寿”。

在美国肯塔基大学的一项研究中，研究人员调查了 180 名巴黎圣母院相关人员的日记，发现记录积极事情的人活到了 90 岁左右。

更令人惊讶的是，即便写的内容是假的也没有关系。

即使内容是假的，只要不是发牢骚和抱怨，而总是说些积极向上的事情，也是可以使人长寿的。

换言之，**如果经常从积极向上的角度写自己的输出内容和思考的内容，不仅能使人精神稳定，还能使人健康。**

而消极的言行则只会剥夺你的生命力，最终让你失去宝贵的人生。

所以也可以这么想：**高速阅读法和输出笔记术，从结果来看可以延长自己的寿命。**

如果智慧能转化为行动，那么无论年龄大小，你都能从行动中源源不断地获得能量。

所谓有魅力的人，便是这样充满能量的人。

不仅如此，我们还经常看见，信息和人脉也不断地向这样的人聚集。最终，金钱也会被他们所吸引，形成一个良性的循环。

本人能通过经营企业和股票投资，在 30 岁出头的时候成为亿万富翁，也只不过是利用了这一法则中极小的一部分而已。

高速阅读法的无形价值，正体现在这些方面。

丰富的知识是支撑生活中各种判断的依据

当然，通过高速阅读法获得基础知识，并以此为武器也是有好处的。因为在思考问题时，丰富的知识可成为判断的依据。

如果只是高速阅读、记住内容，其实没有太大意义。

应该在生活中充分利用这些知识并付诸实践，在自己心中反复思考当时的情况并不断地积累经验。

这样，你将逐渐获得真正解决问题的能力。

衷心希望高速阅读法能让你收获一个更加丰富多彩、充满梦想的人生。

Shinuhodo yomete wasurenai kosoku-dokusho

ISBN：9784776210528

Originally published in Japan by Ascom Inc.

Chinese（Complicated character only）translation rights arranged with KANKI PUBLISHING INC., through BARDON CHINESE CREATIVE AGENCY LIMITED, Hong Kong.

北京阅想时代文化发展有限责任公司为中国人民大学出版社有限公司下属的商业新知事业部，致力于经管类优秀出版物（外版书为主）的策划及出版，主要涉及经济管理、金融、投资理财、心理学、成功励志、生活等出版领域，下设“阅想·商业”“阅想·财富”“阅想·新知”“阅想·心理”“阅想·生活”以及“阅想·人文”等多条产品线，致力于为国内商业人士提供涵盖先进、前沿的管理理念和思想的专业类图书和趋势类图书，同时也为满足商业人士的内心诉求，打造一系列提倡心理和生活健康的心理学图书和生活管理类图书。

《拆解一切故事写作》

- 新手写作快速入门，从灵感碎片、情节设置、人物塑造到成功结尾手把手传授写作技巧，铲除写作过程的每个问题。
- 帮助读者掌握有效构建的故事的技能，学会打造精彩好看的故事。

《会写文案的人都这么写：新媒体写作一本通》

- 畅销书《拆解一切故事写作》的作者最新力作！
- 从新媒体写作的零基础小白成长为文案高手的保姆级教程！打破思维误区、打通创作链路、打开变现渠道，借力新媒体写作收获个人成长、财富积累和商业影响力。

《思考整理术：给思路胜过给方案》

- 20 年商业咨询经验精华提炼的呕心之作。
- 一种“不必给出解决方案，却能轻松消除对方的烦恼和困惑”的全新沟通方法。
- 沟通的重点，其实不是讲通你的道理，而在于疏通对方的思维。
- 4 个步骤、7 个着眼点、5 种图示，轻松实现高效沟通和无痛交流。

《学会高效记忆：世界记忆冠军的刻意练习法》

- 工作记忆模型之父艾伦·巴德利鼎力推荐。
- 牛津学霸、前世界记忆冠军深度解锁超强记忆力的奥秘。
- 帮助你激发大脑记忆潜能，让学习效果轻松快速翻倍。

《学习力脑科学》

- 北大脑科学专家陈立翰老师倾心之作。
- 一套经科学验证、系统训练学习型大脑的实用方法，教你如何逆袭成学霸。